JN409175

책형대에 걸린 시

책형대에 걸린 시

김수영

도서출판 아라

일러두기

— 이 책은 1953년부터 1968년에 이르기까지의 여러 잡지와 신문 등속에 발표되었던 것을 추려 모아놓은 것이다.

— 원문을 충실히 옮겼으나, 종서를 횡서로 바꾸는 과정에서 문장 부호를 고쳤고, 한자로만 표기된 경우는 대부분 병기했으며, 명백히 오자로 여겨지는 것은 바로잡았다.

— 판독이 불가능한 부분은 □□로 표시하였다.

차례

제1부

제2부

제3부

제4부 서지

제1부

제 1 장

시

한강 변

관광도로가 곧 생긴다고 벌써부터
땅값이 들먹거리는
얼음 창고 자리 옆의 큰 나무 선
낭떠러지는 현기증이 나서 안 된다.
노盧씨 지붕이 보이는
왕년의 미두왕 조준호 네 땅이라나 하는
전나무가 선 골짜기가 좋은데
명동의 '은성' 매담과 그의 일당들이
이사를 왔고 유현목 감독의 장인 되는
분이 이백 평가량 땅을 사놓았고
이대 음악과를 나온 서울시장의
조카 딸 되는 미인이 그 부근에 살고
있는 것을 안지부터는
그쪽도 가지 않게 된다.
4, 5년 전까지 일본 사람들이 만든
못 쓰게 된 풍우계風雨計가 섰던
붉은 벽돌의 얼음 창고 서쪽의
세멘트로 된 얼음 창고 두 동은

그러고 보니 그동안에 상당히 역사가 바뀌었다.
영화촬영소를 하다가 납공장이 됐다가
지금은 '캐비네트' 공장
그 옆의 바라크 집은 걸레 만드는 공장
복福자와 희禧자를 그린 '캐비네트'가
츄럭이나 구루마에 실려 갯벌 길옆을 돌아 나오고
고철古鐵 부스러기를 실은 츄럭이
또 그 갯벌 옆길을
돌아들어 간다.
관광도로는 이 공장 앞마당을 잘르고
풍우계가 선 벽돌 탑을 부수고
나갈 모양이다.
잘 됐다.
제이 한강교를 지나서 앞으로 운하運河가 생기면
기선이 정박할 예정이라는
난지도蘭芝島까지 뻗칠 예정이다.
그러나 아직도 밤섬에서는
땅콩들을 모래 위에 심고

나룻배를 타고 건너오는
국민 학교 아이들이 호주머니에 넣고 와서
동무들에게 나누어주기도 하는
밤섬의 이 신기로운 여름 열매.

《여상女像》 1965년 8월호

그것을 위하여는

실낱 같이 잘디 잔 버드나무 가 지붕 위 산 밑으로
보이는 객사客舍에서 등잔을 등에 지고 누우니 무엇을 또
생각하여야 할 것이냐.
나이는 늙을수록 생각만이 싸이는 듯
그렇지 않으면 며칠 만에 한가한 시간을
얻은 것이 고마워서 그러는지
나는 조용히 들어 누워
하나 원시적인 일로 흘러가는 마음을 자찬自讚하고싶다
불같은 세상이라고 하지만 이 밤만은 그러한 소리가
귀에 젖어지지 않는다.
오히려 불이 있다면
아니 저 등불이라도 마시라면 마시고 싶은 마음이다.
혹은 버드나무 아래에서
무슨 소리가 들려올지 모른다.
잠도 자지 않고 깨어있는
이 집 둘째 아들처럼
「돈은 암만 벌어도 □□하여지지 않는다」
는 상인商人을 업수이 여기는 나의 마음도

사실은 오지 않을 기적을 기다리는 염려의 상인
만나야할 사람도 만나지 못하고
가야할 곳도 가지 못하고
나의 천직도 이제 아주 잊어버렸다
이렇게 불빛을 등지고
한 발의 관객들조차
무시하고
홀로 생각 아닌 생각에 젖어있으면
언덕을 넘어오다
무의미하게 보고 온
눈 위로 나오고 눈 속에 파 무친 도랑나무 많이 심은 공원까지 생각이 나서
내 자신이 원시적인 사람처럼
원시적인 꿈으로 돌아가는 것이다.
나이를 먹으면 설움을 어떻게 발산할 것인가도 자연히 알아지는 것인가 보다.
그러니까
내 앞에 누운 나의 그림자조차 저렇게 금방 가늘어졌다

굵어졌다
제 마음대로
나중에는
채색까지 하고 있지 않은가 보아라.
만나야 할 사람도 만나지 못하고 가야할 곳도 가지 못하고
이제는, 나의 천직도 잊어버리고
날만 새면 차디찬 곳을 찾아
차디찬 곳을 돌아다닌다.
그러하니까 밤이 되면
객사를 찾아
등잔을 등에 지고 들어 누워
있어야할 게 아니냐.
그러하니까
재미있는 생각이
굶주린 마음에서
폭수爆水같이
폭수같이

쏟아져 나올게 아닐까보냐.
그것을 위하여는
일부러 바보라도 되어보게 싶구나.

〈연합신문聯合新聞〉 1953년 10월 3일

보신각普信閣

막상 세상이 다 무너지는 날이 오드라도 너만은 너의 모습을 지키고 있어라

허다한 권세에 변천에도 기우러지지 않은 슬기로운 날개 같은 너의 누각 안에

소리 없는 저항을 거듭하는 굳센 의기와 힘이 뭉쳐

너의 우에 고이 앉은 먼지와 티끌과 아름다웁지 않은 때까지도 그것은 이조李朝가 남긴 유한有限의 역사는 아닐지어다

보신의 종각이어 멀리 지나간 오욕汚辱의 기억을 다시 찾을 필요는 없다. 너의 가진 모습을 그대로 간직하며 너의 앞을 지나가는 무수한 겨레의 사랑의 애원으로 받아 하루라도 더 멀리 음성을 전할 것을 염하여라.

《청춘青春》 1955년 4월호

제2장

산문

내실內室에 감금監禁된 애욕愛慾의 탄식歎息
—여성의 욕망과 그 한국적 비극

남존여비男尊女卑의 철학

대체로 한국 하급 사회의 부인들은 교육도 없고 취미도 없고 교양도 없고, 일본의 하류부인의 단정한 품과 중국 농가의 부인들의 친절한 맛에 비해서 너무나 비교가 안 되고, 입고 있는 옷은 때가 새까맣게 절어서 흰 옷인지 까만 옷인지 분간이 안 가고 세상에 태어나서, 남의 아내가 되면 자기의 옷은 개이지 않고 다만 남편의 옷만 빨게 마련인지, 어떤 개울엔 가보아도 천을 물에 담가서 넓직한 돌 위에 펼쳐놓고 빨래 방망이를 양손으로 번갈아 휘두르면서 불이 낳게 두들기고 있는 여자들이 어찌나 많은지 이렇게 마구 두들긴 천은 물에 헹궈서 모래 방죽에다 말리는데 정성껏 두들긴 보람이 있어 볕을 받은 빨래는 눈이 부시도록 희고 윤이 난다.

여름옷은 그대로 참을 수도 있지만, 춘추복의 바지저고리 같은 것은 솜을 넣은 것을 빨 때마다 뜯어서 빼어 빨고 나서 또 넣고 꼬매야 하니 여자의 일생은 실로 빼저린 고행苦行인 것이다.

농촌의 아내들은 온 식구들의 옷 바라지를 하는 것

이외에 부엌 안 일체를 한다. 쌀 빻기, 키 질, 물 긷기도 아내의 일, 무거운 짐을 머리에 얹고 장을 보러가는 것도 아내의 일, 절구질을 하고 물동이를 이고 먼 곳에 있는 우물에까지 다니는 것도 아내들이 도맡아 하는 일이다.

아침에는 제일 먼저 일어나고, 밤에는 제일 늦게 잠자리 들어가지 않으면 안 된다. 피로한 손으로 밤에는 바느질을 하고, 실을 꼬우고 베를 짜는 것도 아내라는 이름이 붙은 사람이 할 일, 그밖에 적지 않은 아이 어미가 되면 쉴 때도 일을 할 때에도 세 살이 되기까지는 노상 등에 업고 다녀야 하는 비참한 꼴이라니, 농부의 아내가 되어서 무슨 낙이 있고 무슨 즐거움이 있는지 도시 모를 일이다. 몇 년이 지나서 며느리를 보게 되기까지는 이 고통은 도저히 면할 길이 없다, 불쌍하게도 그들은 서른만 되어도 벌써 쉰 살이나 되어 보이는 노상老相을 하고, 마흔이면 이가 다 빠지고 할머니 소리를 듣는다. 사랑에 취하는 젊음이 언제 있었는지, 청춘의 방황은 그들에게서는 찾아볼 길이 없고, 나날이 지옥 같은 시집살이어니, 마음에 위안을 주는 신랑은 그저 귀신을 섬기는 일 정도다.

상류로 갈수록 여자는 격리隔離되어서 절대로 세상과 관계를 갖지 못하게 되어있다. 부인은 집에 있어서, 내실內室이라는 방안에 쳐 박혀서 남자의 방을 향해 창문도 열어놓지 못하게 되어 있고, 방문자는 몇 번을 찾아가도, 내실이 어디인지 추측도 할 수가 없다. 부인의 안부를 물어보는 것은 실례가 된다. 정중鄭重한 유폐리幽閉裡에 있는 부인은 물론 교육도 없고, 교양도 없다. 그저 저속한 생물로서 취급되고 있다. 그러면 남자는 여자보다 무엇이 나은 게 있는가. 다만 오래된 관습으로 여자에 대해서 존경을 강요하고 있지만, 자기들이 배우고 수양하는 것은 남존여비를 가리키는 천박淺薄한 철학. 간단한 역사 그 밖의 다소의 문학뿐이다.

다만 남자로 태어났다는 우연한 팔자 때문에 성년이 되면 이유 없이 여자의 존경은 일층 더 두터워진다.

여성은 안방 재산

부인의 거리 유괴는 언제부터 무엇 때문에 생긴 습관인지 자세히 알 수 없지만, 이조 초기에 사회의 도의가 퇴색하고 음비淫卑의 풍조가 성盛한 시대에 시작된 것 같다.

그 후 5백 년 동안을 번번이 전해져서 오늘 날에 이르렀다.

학자들의 말에 의하면 그 기원은 남편이 그의 아내의 소행을 의심한 데에서 온 것이 아니라 남편이 그의 친구를 의심한 데에서 온 것이라고 한다. 당시의 서울의 부패는 특히 상류계급의 문란한 기풍은 놀랄만한 것이었으리라고 생각된다. 남편이 그의 아내를 감추고 딸을 감추고, 타락한 남성에게 근접하는 것을 꺼려하고, 미천微賤한 상년常年이 아니면 문밖출입을 허락하지 않은 것이, 어느 틈에 풍속화 되어서 법률 이상으로 무서운 힘을 발휘하게 되었다.

그렇기 때문에 부인의 외출은 사람 눈을 피해서 밤에만 하게하고, 낮에 나갈 때에는 밀폐된 가마나 조군을 타고,

그런 것에 타지 않는 것은 미천한 노동자의 계집뿐이다.

언젠가 민비閔妃에 배알拜謁했을 때 전하는

"나는 서울 거리를 나가본 일이 없다우. 그 밖의 곳은 더 말할 것두 없구."

하고 말씀하셨다.

일부러 그랬든 과실로 그랬든 간에 적어도 남자가 여자의 몸에 손을 대면 큰일 난다. (어떤 책에서 본 것인데) 이렇게 되어있기 때문에 아버지가 그의 딸을 죽이고, 남편이 그의 아내를 죽이고, 혹은 아내나 딸들이 스스로 자살을 했다. 그러나 그런 희생쯤은 예사로 생각한다.

최근의 일이다. 어떤 한 귀부인이 불에 타죽었다. 그것을 보고 위급한 경우라 어떤 한 사나이가 불 속으로 뛰어 들어가서 부인을 껴안았다. 그러나 남녀가 서로 몸을 대는 것은 관습 상 일체 용납되지 않는 터이라, 이 경우에 있어서도 남자는 여자를 구명해서는 아니 되고 사나이는 이 법도를 어긴 것이 되었다. 일을 이렇게 만든 것이 시녀의 불찰이었다고 해서 시녀가 벌을 받았다. 법률이 내실內室에까지 미치지 않는 것은 사실이며, 모반죄에 걸리지 않는 한, 남편은 아내의 방으로 피신만 하면 관헌의 손을 벗어날 수 있다.

자기 집의 지붕을 수선할 때에는 먼저 옆의 집에 가서

"오늘은 지붕에 올라갑니다. 어쩌다 댁의 부인이나 따님을 보게 될 지도 모르니까 양해해주십시오."

하고 인사를 해두지 않으면 아니 된다. 남녀 칠세

부동석이라고 해서, 결혼하기까지는 아버지와 형제 이외에는 절대로 다른 남자와 얼굴을 대해서는 아니 된다. 결혼 후에도 얼굴을 대할 수 있는 것은 남편과 남편의 근친에 한해서이다. 아무리 친한 상사람이라도 당당하게 사람들이 있는 곳에 얼굴을 내밀 수가 없다.

나는 오랜 시일의 여행 중에 6세 이상의 계집아이의 얼굴을 본 일이 없었다. 세상의 꽃이라고 할 수 있는 젊은 처녀는 그림자도 볼 수 없는 나라이다. 그렇다고 여자는 이런 사회의 조직을 원망도 하지 않고, 자유를 동경하고 있지도 않다. 수백 년 내의 유거幽居생활은 여자의 자유정신을 마멸磨滅시켜버렸다. 오히려 여자는 가정의 가장 귀중한 재산으로 정중하게 저장되고 있는 것이라고 쯤 여자 자신이 생각하고 있다.

이 글은 '버드. 비숍'이라는 영국 여자의 『한국과 그 인방隣邦』이라는 저서에서 따온 것이다. 이 저자는 1893년에 우리나라에 와서, 전국의 방방곡곡을 답사하고 외국 여자로서는 최초의 방대尨大한 한국 기행문을 남겨놓았는데 어떤 대목은 우리들이 뻔히 다 알고 있는 일이면서도 포복절도할 지경의 재미있는 데가 많다.

"한국여성의 비극적인 애욕상"에 대해서 쓰라는 청을 받고 보니 나는 위선 위에 인용한 구절들이 생각이 나서 좀 길지만 구태여 인용해 보았다. 사실 나보고 쓰라면 우리 어머니나 할머니들의 생활에 대한 이처럼 간명簡明한 조감도鳥瞰圖를 쓸 자신이 없다. 내 얼굴은 내가 모른다,

또 못난 얼굴은 들여다보고 싶지도 않다. 그래서 그저 억지로 남이 본 내 얼굴을 꿔어온 셈이다.

성性보다 돈을 숭배

지금 이런 글을 읽고 과거를 회상해 보면 끔찍끔찍하게 변한 점도 많지만 끔찍끔찍 변하지 않은 점도 많다. 변한 것은 노출된 양장洋裝, 융기隆起한 젖통이의 모습, '미쓰 킴', '데이트', '트위스트' 등이지만, 변하지 않은 것은 개성의 결핍이다.

아직도 신문 4면을 요란스럽게 하고 있는 성의 개방 같은 문제도 여자의 개성의 자각이 진행되어야 한다. 우리 주위를 둘러볼 때, 정말 연애의 감정이 솟아나올만한 여자가 없다. 판에 박은 듯한 양장洋裝, '하이힐'에 '핸드백'은 정말 구역질이 난다. 여자가 보는 남자의 경우도 마찬가지일 것이다.

하루 저녁에 백 원에 몸을 파는 종삼鍾三네 집 골방에도 '핸드백'만은 계절에 맞추어서 4, 5개가 걸려있다. 봉건의 노예이던 여자는 지금 금전으로 그 상전이 탈을 바꾸어 있을 뿐 상전은, 여전히 상전대로 엄존嚴存한다.

내가 아는 어떤 불란서까지 갔다 온 멋쟁이 여자가 있는데, 이 여자는 걸핏하면 "돈은 돈이고, '섹스'는 '섹스'이지요."하면서 돈 있는 늙은이 하고 살면서, 가끔 오입을 하기도 하는 자신을 자못 현대적으로 정당화 하고 있는데, 그것이 현대적이라고 보기가 좀 수상한 것은,

그 늙은 남편이 이름난 부자인데도 그 여자는 그보다 더 부자인 어떤 가정의 '부로커' 노릇을 하고 있다는 것이다.

내가 여복女福이 없어 그런지는 몰라도 나의 주위에서 보는 여자들은 돈 있는 여자나 돈 없는 여자나 모두가 돈의 귀신들뿐이다. 세계의 조류가 그렇게 되어가고 있다면 그뿐이겠지만, 한국의 젊은 현대여성들은 성보다도 비교가 안 될 만큼 돈을 숭상하고 있는 것은 사실인 것 같다. 그리고 이러한 현상은 중류 이상의 교양이 있는 계급으로 올라갈수록 더하다. 그런데 우리나라 여자들의 성생활을—나아가서는 애정생활을 마멸磨滅시키고 있는 또 하나의 암癌이 있는데, 그것은 영화다. '세슈얼'한 '허리우드' 식 영화. 그것을 본 딴 무수한 국산영화들. 이것을 보고 온 둘의 잠자리에서 실제로 재현해보고 싶은 유혹도 생기겠지만 잘 안될 것이다. 그리고 보면 시골 여자들이 좀 더 행복할 것 같다. 그러나 그들도 서울에 가고 싶은 생각에 눈물을 짜고 고민을 하고 있는 한 행복하지는 않다.

순천順天 인가에 가서 오입을 해본 일이 있는데, 서울로 치면 종삼네 집 여자들이 손님방에 들어올 때면 다소곳이 반절을 하고 들어오는 것은 퍽 좋게 보였다.

《여상女像》 1964년 10월호

책형대磔刑臺*에 걸린 시
—인간해방의 경종을 울려라

4·26 전까지의 나의 작품 생활을 더듬어볼 때 시는 어떻게 어벌쩡하게 써왔지만 산문은 전혀 알 수가 없었고 감히 써볼 생각조차도 먹어보지를 못했다. 이유는 너무나 뻔하다.

말하자면 시를 쓸 때에 통할 수 있는 최소한도의 '캄푸라쥬'가 산문에 있어서는 통할 수가 없었기 때문이다. 산문의 자유뿐이 아니다. 태도의 자유조차도 있을 수가 없었다. 더구나 나처럼 6·25 때에 포로생활까지 하고 나온 이 사람은 슬프게도 문학단체 같은 데서 떨어져서 초연하게 살 수 있는 자유가 도저히 없었다. 감정의 자유 역시 그렇다.

이를테면 같은 시인끼리라도 나와 같은 처지에 놓인 사람들은 상대방에 대해서 불쾌한 일이 있더라도 그런 감정을 하여서는 아니 되고 그런 태도를 극력 보이어서는 아니 되었다. 이러한 환경 속에서 나올 수 있는 작품이 무슨 신통한 것이 있겠는가. 저주가 아니면 비명이 아니면

* 책형대磔刑臺: 몸을 찔러 죽이는 형구形具를 말한다.

죽음의 시가 고작이 아니었던가. 그렇다고 앞으로 이에 대한 복수를 하자는 것이 아니다.

나는 사실 요사이는 시를 쓰지 않아도 충분히 행복하다. 4·26이 전취戰取한 자유는 나의 두 손 아름을 채우고도 남는다. 나는 정말 이 벅찬 자유를 어떻게 처리해야 할지 모르겠다. 너무 눈이 부시다. 너무나 휘황輝煌하다. 그리고 이 빛에 눈과 몸과 마음이 익숙해지기까지는 잠시 시를 쓸 생각을 버려야겠다.

지난날의 낡은 시단의 과오나 폐습을 나는 여기서 재삼 뇌까리고 싶은 생각은 없다. 오히려 그렇듯 숨 막힐 듯 한 괴로운 시대 속에서 과감하게 자기의 세계를 지켜가면서 싸워온 시인이 현現 시단의 기성인 중에서도 몇 사람은 있다는 것을 나는 여간 다행으로 생각하고 있지 않다. 어느 나라의 시단이고 진짜 시인보다는 가짜 시인이 훨씬 더 많은 법이고 요즈음 세간의 여론의 규탄을 받고 있는 소위 어용시인이나 아부시인들은 이미 그들이 권력의 편에 서서 나팔을 불기 전에 먼저 시인으로서는 완전히 자격을 상실한 자들뿐이다. (아니 애당초 시인이 되어보지도 못한 자들뿐이다.) 그러니까 그까짓 것은 하등 문제꺼리가 되지 않는다.

내가 여기 말하고 싶은 것은 4·26 이전의 우리나라의 시단의 작품들이 대체로 낡은 작품이 많았다는 것이다. 그리고 그러한 현상은 시로서 합격된 작물作物 중에 특히 더 많았다. 그런데 이러한 현상은 객관적으로 볼 때 새로운 시대의 이념을 반영할 수 있는 제작 상의 모험적 기도를 용납할 수 있는 시대적 혹은 사회적 여백이 전혀 없었다는 것을 말해주는 것이기도 한데 이와 같은 고민을 처절히 체득한 시인이라면 4·26은 그에게 황금의 해방이 아닐 수 없다.

나는 앞으로 이러한 시인들만이 일을 할 수 있을 것이라고 믿고 있지만 4·26의 역사적 분수령을 지조를 굽히지 않고 넘어온 기성시인 중에서 과연 몇 사람이 새 시대의 선수의 자격을 가질 수 있을는지는 확언하기 힘든다.

'책임은 꿈에서 시작된다.'는 유명한 서구의 고언古言이 있는데 이 말은 4·26을 계기로 해서 새로운 출발의 자세를 갖추고자 하는 젊은 시인들이 필必히 느꼈어야 할 기본인식이다. 이 인식의 감득感得이 없이는 새 시대의 출발은 불가능하다. 4·26의 해방은 꿈의 해방이다. 이제야말로 꿈을 가지라. 구김살 없는 원대한 꿈을 가지라고 나는 외치고 싶다. 이와 같은 꿈은 여지까지는 맛볼 수 없었던 태도의 자유와 감정의 자유를 투박하게 요구한다. 여기에 과실즙이나 솥뚜껑 위에 어린 밥풀 같은 달콤하고도 거룩한 시인의 책임이 있다. 시인들이여 새로운 시인들이여 이제야말로 인간 해방의 경종을 울려라.

나는 4·19 전에 어느 날 조지훈趙芝薰 형하고 술을 마시면서 '세상 사람들이 모두 시인이 되기 전에는 이 나라는 구원을 받지 못한다.'고 '휫트맨'인가의 말을 차용借用하여가면서 기염을 토한 일이 있었는데 요 일전에 윤돈倫敦*에 있는 박태진朴泰鎭 형한테서 온 4·26 해방을 축하하는 편지 속에 '새로운 정부가 선율시旋律詩를 모르는 녀석들이 거만하게 구는 한은 구제가 없겠지요.'라는 같은 말이 또 있어서 요즈음은 만나는 사람마다 중이 염불하듯이 이 말을 전파하고 있다.

그런데 내가 여기서 말하는 시인이면 반드시 시작품을 신문이나 잡지에 주기적으로 발표하는 사람만을 말하고 있는 것도 물론 아니다. 소위 시를 쓰고 있는 사람들 중에도 이번 4·19나 4·26을 냉담하게 보고 있는 친구들이 적지 않은 것을 나는 알고 있는데 (어울리지 않게 날뛰는 친구도 보기 싫지만 그 이상으로) 나는 이런 위인들을 보면 분이 터져서 따귀라도 붙이고 싶은 것을 억지로 참고 있다.

나는 극언極言하건대 이번 4·26사태를 정확하게 파악하고 통찰洞察하지 못하는 사람은 미안하지만 시인의 자격이 없다고 생각하는데 이런 불쌍한 사람들이 소위 시인들 속에 상당히 많이 있는 것을 보고 정말 놀랐다. 나의 친척에 모 국민 학교 교감이 있는데 이 작자가 4·19 날의 데모를 보고 집에 와서 여편네한테 '학생들도 이제 불쌍타 봤어. 그런 폭도暴徒들이 어디 있어…….' 하며 밤새도록 부부싸움을 했다나. 그런 시인이나 이런 교감은 모두 다

* 런던.

모름지기 이승만李承晩의 뒤나 따라가 살든지 죽든지 양자택일 하여라.

4·26 후 나의 성품이 사뭇 고약해 가는 것을 알면서도 어찌할 도리가 없다. 너무 흥분한 탓이려니 해서 도봉산 밑에 있는 아우 집에 가서 한 이틀 동안을 쉬면서 마음을 가다듬고 왔는데 서울에 와보니 역시 마찬가지다. 마음이 정 고약해져서 시를 쓰지 못할 만큼 거칠어진다 해도 할 수 없는 일이다. 시대의 윤리의 명령은 시 이상이라고 생각하기 때문에 이 거센 혁명의 마멸磨滅속에서 나는 나의 시를 다시 한 번 책형대磔刑臺 위에 걸어놓았다.

〈경향신문京鄕新聞〉 1960년 5월 20일

가난의 상징, 생활의 반성
—변소위생

나는 철이 나서부터는 변소가 더럽다는 생각이 들지 않는다. 나에겐 똥이라는 것이 조금도 더럽지 않다. 고약한 취미라고 나무랄 사람도 있겠지만 지금 세상에는 똥보다도 더 더러운 것이 너무나 많다.

우리 동네엔 밭이 많다. 그전보다는 덜하지만 그래도 아직도 밤이면 똥냄새가 풍겨온다. 여편네는 똥냄새만 나면 또 어디서 똥을 뿌린다고 이맛살을 찌푸리지마는 나는 그러는 여편네가 불쾌하다.

우리 동네에서 내가 가장 친하게 지내고 있는 사람은 똥을 푸러 다니는 제대군인 청년들이다. 문간 안에 우리를 세우고 돼지를 길렀을 때에도 나는 조금도 더럽다는 생각 없이 삼동三冬에도 혼자서 그 똥을 다 쳐냈다. 돼지 똥에 비하면 사람 똥이 훨씬 더 추하게 보이고 조촐한 초가집의 변소의 똥보다 고층 빌딩의 싯누런 '타일' 변기便器에 쌓인 똥이 더 불결하게 보인다.

서울역 이등 대합실 옆의 변소는 깨끗하기는 하지만 출입하는 손님마다 1원 씩 문턱에서 요금을 받으니 이렇게 깨끗한 것은 깨끗하다고 볼 수 없다.

대전역의 변소에서도 그 전에 십 환을 빼앗긴 일이 있는데 변소 안은 발차 전인데도 지극히 한산했다. 이런 경우에는 저주와 적개심이 든다.

미국 사람들에 비해서 우리네 사람들이 치질 환자가 훨씬 더 많은데 그것은 변소가 나쁘기 때문이라고 한 치질병원 의사의 말이 생각난다. 이 말을 듣고 순진하게도

"그럼, 우리나라도 서양사람 모양으로 앉아서 눌 수 있도록 변소 모양을 고치면 되지 않아요?"

하고 말했더니 의사 왈,

"우리야 얻어먹는 것에 바쁘니 누는 것 까지 채 손이 돌아갑니까?"

집에 와서 여편네한테 변소 개조에 대한 계몽을 하고

"아이들은 나 모양으로 치질로 설움을 받게 하기 싫으니 나무판대기라도 사다가 우리도 앉아 누는 변소로 고쳐봅시다. 그리고 인제부터는 밑씻개도 신문지가 항문에 석유가 묻어서 나쁘다고 하니 신문지는 절대로 쓰지 맙시다."

했더니 헌신적인 여편네의 대답은 너무나 낙관적이다.

"괜찮아요! 너무 신경 쓰지 마세요!"

이렇게 말하면 나는—뿐만 아니라 우리 집 전체가—변소 위생 개선의 반대론자 같은 인상을 줄지 모르지만 결코 그렇지 않다. 나는 의자 식 변소를 만들 만한 문화생활을 영위하기 위해서 오늘도 누구보다도 부지런히 일하고 있으며 완고하지 않은 아내는 신문지 대신에

풀 솜 같은 두루마기 휴지를 쓰는 생활을 누구보다도 환영할 것이다. 다만 그때까지는 몽당비가 놓여있는 변소에나마 뚜껑을 마련 해놓는 것을 잊지 말고 이런 놈들에게는 자주 뒷물이라도 시켜줄 정도의 신경을 써야 한다.

그러나 이만한 신경이라도 쓸 만한 처지에 있는 사람이 우리나라의 도시생활 자 중에 반은 있을까? 이런 생각을 하면 아직도 눈앞이 캄캄해진다. 치질의사 말마따나 일에는 순서가 있다. 깨끗하게 똥을 누게 하려면 위선 깨끗하게 밥을 먹어야 한다. 깨끗한 밥을 못 먹이는 나라의 변소는 언제까지나 불결하다.

〈대한일보大韓日報〉 1962년 10월 15일

초라한 공갈

책상 위에는 춋농이 벗기어질 사이가 없다.

책상이라 하지만 그것은 집에서 밥 소반으로 쓰던 것을 임시 책상으로 대용하여 쓰고 있는 것이다.

책상이 없으니까 이것을 쓰는 것이고, 이 책상 아닌 책상—석유궤짝 만큼도 못한 울퉁불퉁한 책상에 앉을 때마다 이다음에 돈이 생기면 우선 만사를 젖혀놓고라도 책상부터 사야지 하고 있는 것이 환도이후부터이니까 근 일 년이 다가오는 데에도 여지껏 목적을 달하지 못하고 있다. 이것은 저 책상의 주인이 얼마나 무능력한 위인인가를 증명하여주는 것도 되지만 사실 이 책상 주인이 이 변변치 않은 책상에 남모르는 애정을 느끼고 있는 것도 사실이다.

아니 애정이라기보다 하나의 변명 혹은 하나의 시위를 그는 이 책상을 통하여 하고 있는지도 모른다.

"이 책상을 보세요. 이것이 책상이라고 부를 수 있는 것일까요? 그러니 날 보고 돈 벌어 오라고 하지 마세요. 될 수 있으면 그러한 (돈을 벌어와 주었으면 좋겠다는) 애처로운 눈치마저도 나에게는 보이지 마세요."

하고 이 책상을 시켜서 그는 그저 집안의 실질적인 가장(호적상에는 이 책상 주인의 가장으로 되어있지만)인 자기 어머니에게 시위하고 공갈하고 있는지도 모른다.

거기다가 이 책상이 놓인 양철지붕을 한 단칸방에도 서울의 대부분의 넉넉지 않은 생활지대의 예에 빠지지 않는 불편한 현상—전기불이 잘 들어오지 않아서 이 무능력한 책상 주인은 초를 사용하고 있다. 그을음이 많이 나오는 남포 불 보다는 이 촛불이 훨씬 좋았다.

어쩌다가 돈이 생기거나 원고를 쓰다가 기분이 나지 않을 때에는 세 개 네 개의 촛불을 켜놓는다. 혹간 가다가 발광이 나거나 절망에 빠지거나 할 때에는 그는 여덟 개도 무관, 아홉 개도 무관, 마음대로 촛불을 켜놓고 물끄러미 바라다보고 있다.

"엄마, 이게 무어예요? 참 이쁘다!"

문을 열고 이 광경을 본 누이동생이 이렇게 자연스럽게 놀래는 것을 본 그는 당황하여,

"이것이 이뻐 보이니? 정말?"

"응, 참 이뻐!"

누이는 '쇼트 컽'을 한 대강이를 흔들며, 여전히 이쁘다는 경악의 미소를 띄우고 한참을 들여다보고 서 있었다.

한 개를 켜놓고 있을 때는 그의 기분이 가장 소박하고 경건하여질 때, 두 개를 켜놓고 있을 때가 그로서는 경제상으로나 정신상으로나 가장 정상 상태에 있는 때이다. 그저 늙으신 어머니는 촛불을 두 개 켜놓은 것만 보시면

역정을 내신다. 제사 지내는 촛불 같다는 것이다. 산 사람이 촛불을 두 개 켜놓고 앉았는 것은 불길하니 하나만 켜고 있으라는 것이다.

그러나 그의 심리상태에 있어서는 그 말을 들은 후에도—아니 오히려 어머니의 그 말을 들었기 때문에 촛불을 두 개 켜놓을 때가 가장 자기의 정신의 평화를 확보할 수 있는 때라고 생각한다.

그의 식구는 도합 일곱 명이다. 남자 삼형제에 여자가 삼형제, 그리고 늙으신 어머니다. 이 무기력한 책상 주인공은 세칭 맏아들이다. 이 '맏아들'이라는 것을 방패삼아 혼자만 독방을 차지하고 나머지 하나밖에 없는 방을 자녀의 식구 여섯 명이 쓰고 있다. '맏아들'이 독방을 쓰고 있는 데에 대하여 나머지 식구들은 한 번도 불평을 표시한 적은 없었다. 이것이 그에게는 오히려 미안하였다.

그는 이 미안한 분풀이를 가련한 책상을 보다 더 혹사함으로써 자기의 미안한 마음을 위로하고 있다.

매일 밤 쓰는 촛불에서 떨어져 촛농은 그냥 책상 위에 붙어서 '피라미드'와 같이 퇴적堆積된다. 어느 것은 납작한 것, 어느 것은 길쭉한 것, 어느 것은 뾰족한 것, 어느 것은 동그란 것—그 형용은 굴곡, 모양, 각도가 가지각색이다. 환상하기를 좋아하는 그는 이 촛불의 역사가 남겨놓고 간 유적에 대하여 가공적 규정을 내리는 것으로 무료한 시간의 유희로 삼고 있다.

때로는 적극적인, 때로는 소극적인, 때로는 건설적인,

때로는 퇴폐적인 철학이 이 형용색색의 촛농의 기묘한 선을 타고 나온다. 이러한 촛농 자국의 초라한 색상이 먼지 위에 차차 그 판도를 확장하고 급기야는 원고지를 놓아야할 최후의 '스페이스'까지도 월경을 하려고 할 때 책상의 주인공은 비로소 생활의 충실감을 느낀다.

"잘 써왔다!"

그는 이렇게 속으로 고함치며 우선 국정에 근심하여 있는 급한 침입자만을 제거하여 버렸다.

그는 홀로이 이렇게 자탄한다.

"언제 새 책상이 생기고 그 위에 음전한 촛대도 하나 사놓을 수 있게 되나……."

그는 북쪽으로 향한 유리 창문 속에서 마치 보석같이 반짝이는 녹음을 보고 길게 한숨 쉬었다.

그러나 그에게 있어서 유일한 천국인 녹음이 마음대로 보이는 창문에도 무자비한 세태가 자연에 도전하는 도태淘汰가 발생하였다. 대도회에는 한가한 창문이라고는 없는 법이다. 촛농의 유희에 지친 무기력한 시인詩人이 즐겨 내다보는 창문에는 하루아침에 세 개의 집이 솟아올랐다. 창문에서 내어다 볼 수 있는 조망眺望도 없어졌지만 그보다 더 큰일 난 일은 창문을 가리고 우뚝 서 있는 괴물 같은 가옥 때문에 방안이 낮에도 밤중같이 어두워졌다.

큰 일 났다! 인제는 낮에도 촛불을 켜고 있어야 할 형편이다. 망령이 맘 노파와 같이 요즈음 몇일 동안 밤늦게까지도 전기불이 잘 들어와 친구에게 그 이유를 물어보았다.

"전기회사에서 일반 시민에게 주는 전기 불을 증급增給한다는 소식을 자네는 신문사에 있으면서도 모르고 있나?"

하고 친구에게 핀잔을 들었지만,

"인제는 밤에 촛불을 켜지 않고도 살 수 있으니 얼마나 시원할까."하고 눈을 얻은 사람처럼 반가워하였던 것이다.

그것이 이 지경이다. 이제는 밤이 낮이 되고 낮이 밤이 되었다. 단 하나 남은 방법은 천정을 뚫으는 수밖에는 없다. 천정을 뚫고 유리창을 박고 창문으로 들어오는 자외선을 머리 위에서부터 따라 내려오는 수밖에는 없다.
설마 하늘로 난 창문을 막고 집을 지을 사람도 당분간은 없을 터이니까—

하여간 하늘로 난 창을 만들기까지는 인내성을 발휘하여 촛불 신세를 더 좀 져야겠고 초라한 책상과 번거로운 촛농으로 시위와 공갈은 줄기차게 계속하여야 할 것이다.

《희망希望》1954년 9월호

해운대海雲臺에 핀 해바라기

무더운 날은 신경질이 더 나는 법이다. 밤잠이 부족하거나 하여 머리가 휴지통같이 뒤숭숭한 아침이면 사랑에 대한 갈망이 불안한 마음과 엉키어 온 가슴을 서로 잡는다.

S는 아담하고 정숙한 여자이었다. 나의 모— 든 말할 수 없이 복잡한 불안도 그의 앞에서는 태양 앞에 자취를 감추는 무수한 군성群星이나 다름없겠다.

나와 그가 알게 된 것은 해운대 넓은 바닷물 속에서이었다. 어느 날 나는 학교의 학생들을 데리고 수영을 하러 나가게 되었다. 그때 S도 여학생들을 인솔하여 가지고 온 부산 모 여학교 간호원이었다. S가 인솔하여 온 여학생들 중에서 자게바람을 일으키고 하마터면 큰일이 날 번한 것을 내가 데리고 간 학생 중의 제일 수영을 잘 하는 반에서도 제일 키가 크고 말썽도 제일 잘 부리는 학생이 구하여주었다.

이것이 인연이 되어서 나와 S는 그 후 일요일이고 토요일이고 서로의 시간이 허락하는 한 번번이 바다에서 만났으며 '우끼'를 타고 될 수 있는 대로 물빛이 짙은 뭇 사람이 잘 오지 않는 곳까지 가서는 사랑이 통하는 이성에게만 신이 용납할 수 있는 말을 하고 웃음을 웃고 그리고 죽음에 대한 공포조차도 천천히 잊어버리고 어린아이와 같이 놀았다.

바다에다 모든 몸과 마음의 피곤을 씻고 가벼운 걸음걸이로 산을 넘어 집을 향하여 돌아갈 때면 S의 눈에서는 눈물까지 나왔다.

S에게는 여자다운 원한이 있었다. 그가 학교에서 '간호원'을 하고 있다는 것이다. 여학교의 교만驕慢한 여교원 들 틈에 끼어서 자기의 직업의 열등성劣等性을 그는 나에게 종종 하소연하였다.

"단 한 사람을 못 만나서 이런 고생을 해요."

'단 한 사람'이라는 것이 그의 남편을 가리키는 이야기인 것을 어렴풋이 짐작은 하면서도 나는 재우쳐 그의 가정 내막을 물어보기를 사양하였다.

나도 처자가 있기는 하였지만 그것보다도 S의 노골적인 정열을 눈앞에 숨 가쁘게 느끼고 있는 나는 S가 남편과 아이를 가진 여자라고는 설마 믿어지지 않았다.

"어린아이 보고 싶지 않으세요?"

S는 나에게 도리어 이러한 아픈 질문을 하고 놀리었다.

"빨리 사모님 모시고 와서 같이 사세요. 젊은 부부가 아무리 피난생활이라 하지만 서로 떨어져 있으면 좋지 않아요."

하는 S의 말에,

"나는 당신만 있으면 그만이오."

하고 천연스럽게 대답하였다.

우리들의 사랑은 바다 속으로 떨어지는 대포알처럼 아무 거리낌 없이 깊어만 갔다.

“개자식!” 이런 욕인지 애교인지 알 수 없는 S의 말을 나는 너그러운 미소로 받아들였다. 그래도 나는 그의 입술 한 번 훔쳐보지 못하였다.

나중에 깨달은 일이지만 S는 나의 성격을 너무나 잘 파악하고 있었다. 나보다도 많은 S의 나이와 지혜가 저 허허바다와 같은 것이었다면 나는 그 위에 깜박거리는 아침의 해나 다름없는 것이었다.

S는 나를 완전히 자기의 사랑의 포로로 만들어버렸다. 그리고 석 달이 지났다. 여름도 가고 구월 초승 어느 날 밤 나는 환도를 앞두고 비로소 S의 집을 찾아갔던 것이다.

“인사 하세요. 앞으로 형님이라고 생각하고 친해주세요.”

하고 S는 방 한 구석에 앉은 몸집이 큰 남자를 나에게 소개하였다. 이것이 S의 남편이었다. 그 이외에 S에게는 아들이 하나 딸이 하나 있었다.

“내년에 중학교 시험을 보아야겠는데 어떻게 될지 근심이에요.”

하고 S는 돌아앉아서 책을 읽고 있는 자기의 아들을 가리키며 나에게 미소를 던졌다. 나도 미소로 대답하였다.

S와 S의 남편인 검은 무트듬한 건축 기사라는 사나이와 눈이 큰 딸 아이와 나는 한 상에서 저녁을 먹었다.

나는 극도의 흥분과 당황과 비분과 어색하고 복잡한

감정에 사로잡혀서 그의 남편이 맹인이라는 놀라운 비극을 밥상을 받기 전까지는 발견하지 못하고 있었다.

딸아이가 아버지의 손을 끌어 가리켜 주는 대로 눈이 먼 건축기사는 묵묵히 기계적으로 숟가락질을 하고 있었다.

"만화를 번역해주셔서 아이들이 여간 좋아하며 읽지 않습니다. 자주 놀러 오십시요."

하고 이 맹인은 나에게 치사하는 것이었다.

나는 S가 자기가 영어 공부를 하기 위한 것이라고 미국 만화를 번역해달라는 것을 틈이 있는 대로 정성껏 번역하여준 일이 한두 번이 아니었다.

환도 후 학교의 교편생활을 그만 두고 기자생활을 하게 된 나는 S의 아름다운 이름을 나의 '팬 네임'으로 즐겨 쓰고 있다. S의 이름을 쓸 때 마다 잃어버린 해운대의 넓은 바다가 생각이 나고 S의 어디인지 '모나리자'를 닮은 가냘픈 얼굴이 해바라기처럼 머리 위에 떠오르고 그보다도 토건土建사고로 실명失明을 하고 아내가 벌어다 주는 것으로 답답한 삶을 하고 있는 가련한 건축기사의 일이 몹시 가슴에 사무친다.

그리고 아예 S의 몸에 손가락 하나 대지 않은 것을 무엇보다도 다행으로 생각한다.

《신태양新太陽》 24호號 1954년 8월호

어머니 없는 아이 하나와
— 4월의 추억

나는 올해 서른네 살이 되었고 어머니 없는 아이가 하나 있다. 나는 돈도 없고 재주도 없으니까 뜻이 아닌 독수공방을 지키고 있지만 '아프레겔'의 물 이른 여자는 새로 사내를 얻어 버렸다. 내가 경제적으로 어린애를 '사포—트'(이것은 헤어질 때 여자가 나를 설득하기 위하여 사용한 말이다.)할 때까지 외할머니에게 맡기어놓자는 여자의 말대로 다섯 살이 된 사나이 놈은 시골 외가 집에 내버려두고 나는 나대로 여전히 술만 마시고 있다. 매일같이 만취가 되어 들어오면 늙은 어머니는 판에 박은 듯이 어린아이를 찾아오라는 말과 같이 술 좀 고만 먹고 옷이나 좀 사 입으라고 말을 겹쳐서 한다. 옷을 사 입으라는 애원을 번번이 어린아이를 찾아오라는 말과 아울러서 하는 것을 처음에는 무심하게 듣고 있었는데 쇠귀에 경 읽는 소리같이 무감각하게만 들리던 이 말도 차차 깨닫고 보니 이유가 없는 말이 아닌가보다.

"저렇게 옷차림을 하고 다니니 지금 같은 시대에 계집이 달아날 수밖에!"

하는 뜻과

"다시 장가를 가려면 우선 옷부터 남같이 하고 다녀야지, 저러고야 백날이 가도—"

하는 자식을 위한 애정과 한탄과 책망이 섞여있는 것이었다. 아니, 자식과 손자를 위한 애정과 한탄과 책망.

내가 걸치고 다니는 옷이 얼마나 남루한 것인가를 증명하여주는 것으로 내가 다니고 있는 회사에서 제일 가까운 다방에 그 전에 평양인가 어디서 기생 질을 하던 마담이 있는데 이 요사스러운 정도로 얼굴이 어여쁜 마담은 내가 문을 열고 들어가기만 하면 슬그머니 피해서 부엌 안으로 들어가 버린다.

실없는 나는 나대로 내 옷을 보고 노래기나 붙은 것처럼 질겁을 해서 피해버리는 모습이 화가 나기는커녕 귀여운 생각을 이어서 일부러 볼일도 없는 데도 심심하면 하루에도 몇 번씩 그 다방 문을 열고 마담을 놀려주는 것으로 쾌감을 느끼고는 한다.

제 자신의 흉을 내어 보임으로 은근히 자기의 가치를 자랑하여보고자 하는 류의 속기俗氣에서 자기의 험정 만을 올올히 쓰는 것은 아니지만 혹시 그렇게 오해하는 독자가 있다면 나는 무엇이라 그 미안한 말을 드려야 좋을지 모르겠다. 나의 혈관 속에는 그야말로 벅찬 청춘이 아직도 갈 바를 모르고 용솟음치고 있다. 처자를 가진 친구들은 내가 못 쓸 곳에 너무 자주 드나 다닌다고 술만 먹으면 바로 집으로 가려고 없는 틈에 자동차까지 태워주며 빌다시피 타이르며 하다못해 자동차 운전사들에게까지

이 손님이 도중에 내리자고 하더라도 부디 내려주지 말고 꼭 집에 까지 모시고가서 문을 열어주어야지 그렇지 않으면 자동차 번호를 알고 있으니 내일 혼이 날 줄 알고 공갈을 때리곤 한다.

그래도 한사코 자동차는 종묘 뒤 으슥한 골목 어귀를 찾아가기를 빼어놓지 않으니 나중에는 술을 마시고 집으로 돌려보낼 때 친구들은 나에게서 '야간 통행증'까지 몰수하여버리었다.

그리고 아침에 만나면 첫 인사가 '패스포트'가 있는지 어서 좀 내어보아 하는 것으로 변하여버렸다. 암 말도 없이 얼굴만 치어다보고서 있으면 그들은 형사처럼 호주머니 수사까지 감행하는 것이다.

《신태양新太陽》 1954년 4월호

생명의 향수를 찾아
—화가 '고갱'을 생각하고

화가 '고갱'이 처자와 가족과 문명을 헌 신짝같이 버리고
생명과 휴식을 찾아서 '타이티'로 떠난 것이 서른다섯 살
적이었다면 나도 올해는 '타이티'의 고도孤島가 아닌
그 어디로인지 떠나야할 나이다.

다만 '고갱'은 외로운 섬에서 약동하는 태양과 검은 살과
생명의 향수를 그리었지만 나는 섬도 그만 두고 어디
외떨어진 조그마한 도시에 가서 마음껏 고독을 즐기고
이 피곤한 머리와 육체를 쉬고 싶다. 이것은 짜증도 아니고
불평도 아니다. 나의 진실에서 나오는 소원이 이것이며
될 수만 있으면 '예술'도 그만두고 싶다. 그렇다고 돈을
벌고자 하는 마음 따위가 티끌만치라도 있는 것이 아니고
그저 그냥 나대로 살고 싶은 것이다.

어려서 어머니가 석가여래의 출가한 이야기이며
성인들이 세상을 버린 이야기들을 나에게 하여 주었고
그러한 이야기를 들을 때마다 나는 그것이 무슨 영문인지
몰라서 눈을 꿈벅 꿈벅 하면서 한 없이 신기하게만
생각하고 있었다.

이십 대에 들어서서 양화가들의 그림을 골라 보기

시작하면서부터 나는 '고갱'과 '고포오'와의 관계들은 그들의 그림과 그들의 전기 같은 것에서 보통 이상의 감격도 느끼었다. 그러나 '고갱'이 어째서 '타이티'의 고도를 찾아서 떠나지 않으면 아니 되었던가를 절실하고 집착하게 느끼고 생각하고 의심하기 시작한 것은 6·25 이후의 일이었다.

6·25 사변이란 나뿐만 아니라 모든 우리 민족에게 지각과 긍지를 넣어준 하늘이 준 기회가 아니었든가 생각한다. 서울의 태반이 폐허가 되었을 뿐만 아니라 우리의 정신에도 많은 폐허가 생기었고 그것이 아직도 완전한 회복을 하지 못하고 있는 것이다.

"우리들은 벌써 '타이티'를 향하여 출발하였다. 적어도 우리의 정신만은 벌써 출가를 한지 오래이다. 다만 우리의 가냘픈 육체만이 아직도 회복하지 못한 폐허의 사이를 배회하고 있는 것이다."라는 환각이 들 적마다 나는 희미한 자위를 느끼고 싶어 하고 그리고 휘— 하고 한숨을 쉰다.

이를테면 원자탄 같은 것만 보더라도 '고갱'의 시대와 우리의 시대는 멀리 거리가 있는 시대이다. 그러나 예술의 본질— 생명의 향수를 그리고 고민하면서 일체의 바퀴와 문명의 폐단을 싫어하고 미워하는 고귀한 정신— 은 그 때나 지금이나 변함이 없는 것이다.

'고갱'은 임종을 앞에 두고 자기가 그린 벽화를 모조리 불 싸질러서 태워버리고 말았다 한다. 이러한 '고갱'이 죽은 후에 구라파는 제이차대전을 겪었다. 전후에 세계는 전전戰前보다도 훨씬 더 복잡하고 어지러웁게 되었으면 되었지 조금도 단순하고 선량하게 되지는 못하였다. 그리고 지금의 세상이 '고갱'의 그때보다 더 복잡하고 어수선하게 되었다면 거기에 대한 예술가들의 태세도 한층 더 강력하고 거대하게 되지 않으면 아니 될 것이다.

문제는 어떻게 하면 좋은 예술가가 더 강하게 되고 크게 될 수 있는가에 달려있는 것이다.

꼭 예술가 매 개인의 의식과 지각이 문제되는 것이며 나아가서는 한 나라의 좋은 정치가 문제되는 것이다. 이러한 따위의 따분한 말을 더 길게 할 필요도 없지만 '타이티'의 고도가 우리에게 주는 교훈은 아직도 우리의 가슴 속에 생생하게 솟아있으며 그 숙제는 아직도 우리의 뱃속에 남아있다.

눈을 감으면 그 검은 파도소리가 들린다. 검은 파도보다도 더 검은 흑인 여자들의 검은 머리 칼날이 나의 눈 등을 스치고 지나가는 듯하다. 결국은 죽는 날까지 나는 '고갱' 같이 나의 '타이티'도 찾지 못하고 서울의 뒷골목을 다람쥐모양으로 매암을 돌다만 꼴을 마치게 될지 모르지만 그래도 나는 조금도 서러워하지는 않을 것이지만 여하튼 죽는 날까지는 칠전팔기하여 싸우고 또 싸워가야 할 테지만 틀림없는 사실일 것 같다.

〈연합신문聯合新聞〉 1955년 1월 26일

미국 역대 대통령 비화

세 사람의 대통령의 암살을 목도目睹한 사나이

'아브라함 링컨'을 암살한 범인을 목도한 사람이 있었는데 그것은 다름이 아닌 '링컨'의 아들 '로버트 링컨'이었다. 그러나 더 한층 괴상한 사실은 '제임스 카필드' 대통령과 '윌리엄 막킨레이' 대통령을 암살을 목도한 것도 또한 이 '로버트 링컨'이었다는 일이다.

미국의 역사에는 세 사람의 대통령이 계속적으로 암살자의 손에 걸려 총알을 맞고 죽은 일이 있었는데 이 세 차례의 대통령 암살사건을 우연한 기회에 전부 목도하게 된 기구한 사람이 있었다.

1865년 4월 14일 '아브라함 링컨'의 아들인 22세의 청년 장교 '로버트 T. 링컨' 대위는 자기의 아버지 대통령에게 '에프 마톡스'에서 '리이' 대장이 항복을 하였다는 소식을 전하기 위하여 말을 타고 '워싱톤'으로 들어왔다.

그날 밤 젊은 '로버트'는 '포오드' 극장에 구경을 갔었다. 때마침 여기서 그는 '존. 월레스 부츠'가 총을 발사하는 것을 보았고 자기의 아버지인 '링컨' 대통령이 총알을 맞고 쓰러지는 것을 목도하게 되었다.

그로부터 6년이 지난 후 즉 1881년에 '제임스. A. 카파필드' 대통령은 '로버트'를 전쟁 후 장관으로 임명하였다. 그 해 여름은 예년보다도 무더운 날씨가 연일 계속되었고 시끄러운 방문객들에게 시달림을 받은 대통령은 일체의 정무政務를 떠나서 단기간의 휴양을 얻기 위하여 '뉴 잉글랜드'로 여행을 가게 되었다.

따라서 대통령이 돌아오기까지에 행정면의 책임은 각 부의 장관들에게 모두 일임을 하게 되었는데 갑작스러운 일이 발생하여서 이 임시적인 책임 제도를 다시 철회하지 않으면 아니 되게 되었다.

그래서 이 일을 대통령에게 알리고 양해를 얻기 위하여 '로버트'는 '워싱톤' 역으로 달려갔다. 때마침 대통령은 정차 중의 기차를 향하여 홀 안을 걸어가고 있었다. 기차를 향하여 걸어가는 대통령을 발견하고 이야기를 전하기 위하여 '로버트'가 대통령의 앞에 까지 닥아 와서 막 입을 벌리려고 할 때에 난데없는 총성이 들렸다. 그리고 '로버트'의 앞에 섰던 대통령이 쓸어져버렸다. 총을 쏜 사람은 대통령을 만나기 위하여 번번이 대통령 비서실에 와서 조르고 있던 '챠아레스. J. 기로오'라는 자이었다. '기로오'는 열심히 대통령을 찾아다녔으나 기어코 뜻을 이루지 못하고 낙망한 나머지 대통령을 암살하게 된 것이다.

대통령이 받은 한 발의 총알은 그에게 치명상을 입히게 되었으며 미국의 제 20대 대통령 '카필드'는 중상을 당한 지

수 주일 후에 죽어버렸다.

그로부터 다시 20년이 지난 1901년에 '로버트 링컨'은 '콜맨' 회사의 사장이 되었다. 실업계의 쟁쟁한 일류 인사들과 교제를 하고 많은 회합에도 참석을 하지 않으면 아니 되게 된 '로버트'는 어느 날 '뉴욕'의 '불파로'에서 열린 범 미국 박람회의 초청을 받아 가지고 가게 되었다. 때마침 '로버트'가 박람회 대회에 참석하는 날은 당시의 미국 대통령 '윌리엄 막킨레이' 씨도 공용으로 임장臨場을 하게 된 날이었다.

'막킨레이' 대통령은 군중의 환영을 막기 위하여 얕은 단을 밟고 그 위에 서있었고 군중들은 천막 앞에 열을 지어 대통령에게 악수를 하기 위하여 자기의 차례를 기다리느라고 끝없이 늘어서 있었다.

이렇게 무수히 늘어선 군중 사이에서 어서 자기의 차례가 오기를 기다리면서 서있는 얼굴이 말쑥하게 매 마른 젊은 청년이 있었다. 그는 오른 편 손에 부상을 당한 것처럼 흰 수건을 동여매고 있었다. 그러나 사실은 그의 오른편 손은 부상을 입은 것이 아니었다. 그는 흰 수건 밑에 권총을 들고 있었던 것이다.

'막킨레이' 대통령이 악수를 하려고 손을 내밀었을 때 청년은 그대로 대통령의 가슴을 향하여 두 방의 총알을 번갈아 발사하였다.

그는 팔일이 지난 후 절명하였다. 암살자는 '레온. F. 쿠솔코츠'라는 무정부주의자이었다. '로버트 링컨'은

'막킨레이' 대통령이 암살을 당한 후 광경을 증언한 다음으로부터는 구태여 대통령과의 교제를 피하였고 대통령이 임석하게 되는 좌석에 까지도 굳이 가지 않기로 작정을 하였다.

어느 때인가 대통령 환영회에 참석하기를 요청하였을 때 '로버트 링컨'은 이를 거절하면서 다음과 같이 말하였다.

"아니올시다. 나는 가지 않기로 했습니다. 그들도 나를 초대하지 않는 것이 좋을 것입니다. 어째 그러냐 하면 내가 참석을 하였다가 대통령의 신변에 혹시 또 변이 나면 어떻게 합니까."

'로버트 링컨'은 1926년 7월 26일 여든 세 살의 수명을 다 하고 돌아갔다.

20년 만에 한번 씩 돌아오는 대통령 수난

만약에 역사가 다시 되풀이된다면 1960년의 미국 대통령은 반드시 재임 시에 절명하게 될 것이다.

1840년부터 미국의 대통령으로 선출되는 사람에게는 20년에 한번씩 돌아오는 재앙이 있다. 즉 1840년, 1860년, 1881년, 1900년, 1920년, 1940년에 일어난 일을 보면 기묘하게도 이 해에 대통령으로 있던 사람들은 하나의 예외도 없이 모두 재임 시에 사거하고 말았다.

그리고 보니 이것은 일개 미신이라고도 보기 어려운 일이며 반드시 〈20〉이라는 숫자가 미국 대통령과는 인연이 좋지 못한 모양 같다.

1840년—당시의 대통령은 '버지니아' 주 '차아레스 카운트리'의 출신인 '윌리엄 핸리 해리슨' 씨였다. 그가 대통령으로 취임한 것이 1841년 3월 4일이었다. 그리고 그는 한 달 동안 대통령을 지내고 다음 달 4월 4일에 늑막염에 걸려서 절명하였다.

1860년—당시의 대통령은 '일리노이' 주 출신의 유명한 '아브라함 링컨'씨이었다. 그가 취임하자 남북전쟁이 진압되었고 그 후 1865년 4월 14일 그는 '워싱톤'에 있는 '포오드' 극장에서 '우리들 미국인의 축하'라는 연극을 관극하던 중 '론 윌게츠 부츠'라는 괴한에게 암살을 당하였다. 그가 완전히 절명한 것은 총에 맞은 이튿날 아침이었다.

1880년—1880년에는 대통령 선거전이 벌어졌으며 이 선거에서 '오하이오' 주 '오랜지' 출신의 '제임스 A. 가필드' 씨가 당선되었다. 그는 '윌리엄' 전문학교의 졸업식에 참석하고 돌아오는 길에 '워싱톤' 정거장에서 '챠아레스. J. 기로오'라는 자에게 총을 맞고 쓸어졌다.

여러 가지로 상처의 치료에 진력하여보았으나 모두 허사로 돌아가고 그는 '엘베톤'에서 드디어 절명하였다. 그가 총을 맞은 것이 1881년 7월 2일. 그가 절명한 날이 동년 9월 19일.

1900년—당시의 대통령은 제 25대 대통령으로 '나이스' 출신인 '카라일. 막킨레이' 씨였다.

1901년 9월 6일 '불파로'에서 전 미국 박람회가

개최되었을 때 '막킨레이' 대통령도 여기에 참석하여 환영을 받았다. 이때 대통령을 환영하느라고 모여든 관중 가운데에 괴한이 섞이어서 대통령에게 권총을 발사하여 명중하였다.

'막킨레이' 대통령은 가슴에 두 발의 탄환을 받고 1901년 9월 14일 절명하였다.

1920년—당시의 대통령은 미국 제 29대 대통령으로 '오하이오' 주 '마로우 카운트리' 출신의 '워랜. G. 하딩' 씨였다.

1923년 여름에 그는 대륙횡단 여행을 하여 '알리스카' 까지 도착하였다. 그리고 '알라스카'에서 늑막염에 걸려서 1923년 8월 2일에 병사하였다.

1940년—당시의 대통령은 너무나 유명한 '프랑클린 D. 루즈벨트'씨. 그는 '뉴욕' 주 '하이드 파크' 출신이다. 그가 죽은 것이 1945년 4월 12일. '월 스프링'에서 뇌출혈로 변사한 것이다.

그러면 1960년에는 ????

미국국민은 사생아를 가진 대통령을 좋아한다.

'그로바 크레브랜드' 대통령은 사생아를 가지고 있었지만 미국인들은 대통령 선거전에서 그에게 2만 3천표를 던지고 대통령으로 그를 추대하기를 서슴지 않았다.

1884년 '그로바 크레브랜드'는 대통령 선거에 출마하였는데 당시 그가 그의 정적들에게 가장 시달림을 받은 큰 약점이 하나 있었다. 그것은 그가 사생아를 가지고 있다는 것이었다.

'크레브랜드'는 민주당에 소속을 둔 입후보자이었었는데 민주당의 반대당인 공화당에서는 당 본부의 대 강당 한 복판에다가 당시黨是를 야단스러웁게 걸어놓고 그 내용에 있어서는 "우리는 정강의 기본적인 중점은 당원의 인격과 도덕이다"라는 따위의 글발을 붙여놓고 "우리는 이렇다"하는 뜻의 민주당의 추천자 '크레브랜드'를 꼬집었다.

〈뉴욕 선〉 신문에서는 동지의 편집국장 '챠아레스 다아나'가 다음과 같은 지독한 사설을 쓰기도 했다.

"우리는 양심 있는 미국 국민이 매춘부를 거느리고 화부華府에 들어와서 백악관을 매음굴의 하숙방 같이 이용할 건달을 설마 일국의 대통령으로 선출하리라고는 믿어지지 않는다."

'크레브랜드'의 강적인 공화당의 '제임스 브래인'은 책임감이 강한 사람이며 가정인 으로서도 모범적인 사람이라고 알리어져 왔었다. 이러한 '브레인'에다 비교하여 볼 때 '크레브랜드'의 평판은 말할 수 없이 추한 것이라고 할 수 있었다. 밤늦게 까지 잠을 자지 않고 악우惡友들과 어울려서 술을 마시고 노름을 하고 노는계집들과 상종하기를 예사로 한 '크레브랜드'였다.

그렇기 때문에 1884년 대통령 선거전에 있어서도 '크레브랜드'는 공화당과 맞서서 싸움을 하면서도 잠시도

마음을 놓을 수가 없었다. 선거전이 최고조에 달한 무렵쯤 되어서는 공화당에서는

"어머니! 어머니! 아빠는 어디 갔소? 백악관에 갔단다. 아—하—하—하—"

하는 노래를 지어서 길거리를 외이고 다니며 '크레브랜드'를 조소하였다.

'크레브랜드'가 여자와의 사이에 옥신각신을 일으키기 시작한 것은 1871년 '뉴욕' 주 '불파로'에 있을 때부터 시작되었다.

당시의 '불파로'는 경찰의 취재가 심하게 많은 곳이었든 관계로 자연 놀음 방이니 술집이니 노는계집들이니 하는 것들이 번창하였고 거기에 따라서 풍기도 상당히 문란하였었다. '크레브랜드'는 아직 젊은 맘을 가지고 있었지만 그래도 '불파노' 일대에서는 상당히 이름을 날리고 있었다. 어디를 가서든지 그는 행세를 할 수 있었고 또한 용모가 수려秀麗한지라 많은 여자들이 그를 따랐다.

그가 상종하고 있는 친구들도 대개는 독신자이었으며 그 중에 혹간 가정을 가진 사람이 있기는 하였지만 그래도 그들은 거개가 부인을 집에 놓고 예사로 오입을 하러 다니는 호담한 청년들이었다. 그들은 '나이아가라' 강에 집을 사가지고 여기에 구락부를 짓고 이 안에서 농성을 하고서는 밤낮을 가리지 않고 오락을 일 삼았다. 바로 이 섬 주변에 암초가 있었는데 청춘과 유흥에 취한 젊은 그들은 이 암초를 '암초의 낙원'이라고 부르기로 하였다.

1871년 '쟈아시' 시에서 '불파로'로 더 낳은 젊은 과부가 있었다. 그의 이름은 '마리아 할핀'이라고 불렀는데 여간 매혹적인 여자가 아니었다. 처음 이 여자는 '카라이' 제조공장에 직공으로 취직을 하고 있었으나 그 후 '프란트 잡료雜料' 잡화상의 여사무원으로 들어갔다.

키가 크고 날씬한 몸맵시에 불란서 말을 유창하게 할 줄 아는 청춘과부이었다. 이런 여자를 '불파로'의 혈기 있는 젊은 패들이 가만히 놓아 둘 리가 없었다. 젊은 남자들과 밖으로 놀러 다니기 시작한 '마리아'는 1873년에 '크레브랜드'와 알게 되었다. '크레브랜드'의 일당들은 이 여자를 데리고 늘 놀러 다니었고 이 여자도 '암초의 낙원' 패들을 좋아하게 되었다.

그러든 중에 1874년 9월 14일 날 '마리아'는 난데없는 어린아이를 낳았다. 사내아이였다. 이때 '마리아'의 나이는 서른여섯 살이었으며 그는 아무와도 결혼을 하고 있지 않았다.

이 소문은 '불파로'의 온 거리에 펴지었고 대체 누가 아이의 아버지인가. '암초의 낙원' 패들 중의 어느 사람이 아이 아버지인가 하고 별별 구구한 추측이 다 떠돌았다. 이때 서른일곱 살이 된 '크레브랜드'는 이 아이의 형식적인 책임을 자진하여 지고 나섰다. 그러나 '크레브랜드'는 누가 '마리아'와 결혼하라는 말을 하면 얼굴을 금시에 변색을 하고 파랗게 질리기까지 하였다.

당시 '크레브랜드'와 친근하던 친구들의 말을 들으면

'마리아'는 정말 아이의 아버지가 누구인지 모르고 있었다는 말이다. 다만 '마리아'는 '크레브랜드'로 하여금 자기와 결혼을 하겠 끔 하기 위하여 '크레브랜드'를 비난하였다는 것이다. 그러나 '크레브랜드'로서도 자기가 아이 아버지가 아니라는 말을 못하고 있었던 것은 그의 동료들이 전부 결혼한 사람들이었던 까닭이다.

'마리아'는 드디어 '크레브랜드'의 근처에 와서 살게 되었고 '불파로'의 사람들은 누구나 할 것 없이 이 사실을 알고 있었다. '스윈'가 39번지의 아파트 아래층에서는 '크레브랜드'가 법률사무실을 열고 있었으며 그 아파트의 3층에서 바로 '마리아'가 아이를 데리고 살림을 하고 있었다.

어린 아이가 세례를 받던 날에는 '크레브랜드'는 '마리아'와 같이 이 식式에 참석하였다. 어린 아이의 이름은 '오스카 폴삼 크레브랜드'라고 지었다. '오스카'는 역시 '암초의 낙원' 패의 한 사람으로서 '크레브랜드'의 제일 친한 친구이었다. 자기의 가장 극친한 친구의 이름을 따서 갓난 아이의 이름의 일부분을 삼았던 것이다.

'마리아'는 종시 '크레브랜드'를 보고 결혼하여달라고 때를 썼지만 '크레브랜드'는 이러한 '마리아' 요청을 번번이 그 즉시로 거절하였다. '크레브랜드'는 '마리아'가 아이를 데리고 살아갈 수 있을만한 경제적인 원조는 잠시도 게을리 하지 않았지만 '마리아'는 자기와 결혼을 하여 주지 않는 '크레브랜드'가 원망스러웠던 것이다. 아이를 배고 나서 고만두게 된 예전의 취직자리에서 뿐만 아니라 '불파로'의 모든 직장에서는 '마리아'를 받아들이기를 좋아하지 않았다. 그는 술을 지나치게 마시고 어린아이까지도 탐탁하게 돌보지 않게 되었다.

2년 후 '크레브랜드'는 어린아이의 신변과 장래를 염려하고 이를 '마리아'에게서 격리시키기 위하여 양자로 들여보내기로 작정하였다. 그는 소송문제가 제기될 염려가 있었기에 이를 피하기 위하여 자기의 정치관계의 사람들을 이용하여 가지고 '오버시아' 빈민구제단체를 통하여 어린아이를 고아원에 강제 수용시켰다. 이것을 보고 발광을 치고 야단을 일으킨 '마리아'는 '시스터 오브 치어리티'라는 자선단체의 감독을 받아가고 5일 간이나마 자택에 감금을 당하였다.

그 후 자유의 몸이 된 '마리아'에게 '크레브랜드'는 자금을 돌려주고 '불파로'의 근처에 있는 '나이아가라'에서 장사를 시작하겠끔 도와주었다. 그리고 그는 매주일 5불 씩을 어린아이의 양육비로 고아원에 지불하였다.

'마리아'는 정기적으로 고아원을 방문하고 아이를 만나볼 수도 있게 되었는데 1876년 4월 기회를 보고 있던 '마리아'는 드디어 고아원에 있는 어린아이를 데리고 도망을 가버렸다. 그러나 종적을 감추어버린 '마리아'는 그리 오랫동안을 어린아이를 데리고 숨어 살지는 못하였다. 그런 것이 그는 달아난 지 불과 석 달에 '뉴 롯첼'의 친척의 집에서 경찰에게 발각되어버리고 말았다. 어린아이는 다시 고아원으로 회송되었다.

그 후 '마리아'는 어린아이를 찾기 위하여 '크레브랜드'를 상대로 고소를 제기할 작정으로 '불파로'의 유력한 법률가를 찾아간 일이 있었다. 이때 변호사는 머리를 저으면서,

"당신은 너무 술을 많이 마시기 때문에 재판을 걸어보아도 승산이 없으리다."

라고 말하였다고 한다.

그 대신 그는 '마리아'에게 위자료를 청구할 권한은 있으니 그러한 목적의 소송이라면 이길 가망이 있다고 권고하였다.

'크레브랜드'는 위자료는 요구하는 대로 지불할 것이니 소송만은 철회하여 달라고 간청하였고 변호사는 '마리아'에게 이러한 '크레브랜드' 편의 타협을 받아드리는 것이 현명한 일이라고 타일렀다.

그 후 2, 3년이 지난 뒤에 '크레브랜드'는 유복한 가정을 발견하고 어린아이를 정식으로 양자로 입적시켰다. 이것이 1876년이다.

1884년 '크레브랜드'는 '뉴욕'주 지사로서 취임하고 있었으며 때의 민주당 연차총회에서는 이를 대통령 후보자로 추천하게 되었다. 1884년 7월 21일 '불파로'의 '이브닝 텔레그람'은 이 놀라운 폭로기사를 대대적으로 보도하였으며 이 뉴스는 순식간에 전 미국 각지에 퍼지게 되었다.

"선량의 뒤에 숨은 더러운 역사—'마리아 할퀸'과

'그로바 크레브랜드'의 아들에 대한 불쌍한 이야기"

라는 대 제목을 내세우고 '크레브랜드'와 '마리아'에 관계된 가진 추잡한 일을 올올히 보도하고 어느 것은 고의적으로 사실 이외의 추문까지 날조하여 보도한 때가 없지 않았다.

'크레브랜드'의 젊었을 때의 주색잡기도 이와 같은 양으로 보도하였다.

《실화實話》 제4권 제5호 1955년 5월호

시인이 겪은 포로생활

세계의 그 어느 사람보다도 비참한 사람이 되리라는 나의 욕망과 철학이 나에게 있었다면 그것을 만족시켜 준 것이 이 포로 생활이었다고 생각한다. 이야기책에서 읽고 간혹 활동사진에서 볼 정도인 포로생활을 아무 예비지식도 없이 끌려들어 가게 한 것도 6·25 동란이 시킨 일이었지만 6·25 동란이 일찍이 우리 민족사상에 드문 일이었다면 이 위대한 50여 개 국의 소위 UN포로로서 인간의 권리와 의무를 버리고 제네바 협정의 통치구역으로 용감무쌍하게 몸을 던지게 되었다는 것은 나의 일생을 통하여 결코 잊어버릴 수 없는 지나친 괴변의 하나임에 틀림없는 일이었다.

그러면서도 나는 꼼짝달싹할 수 없는 순간순간을 별로 놀라는 마음도 없이 꾸준히 지내왔다. 나는 벌써 인간이 아니었고 내일을 기약할 수 없는 포로의 신세가 되었다는 것 포로는 생명이 없는 것이라는 것이니 그보다도 포로가 되었길 래 망정이지 그렇지 않았던들 지금쯤은 이북 땅 어느 논 두렁이에서 구르고 있는 허다한 시체 속에 끼어 고향을 등지고 이름도 없이 구르고 있을지도 몰랐다는 비참한 안도감 이러한 평범한 인식들은 나로 하여금 아슬아슬한 고비를 눈 하나 깜짝하지 않고 태연자약하게 넘어가게 하는 기술을 가르쳐주고 남음이 있는 것이었다.

단기 4283년 11월 11일 수천 명의 포로가 부산 거제리巨濟里 제14 야전병원으로 이송되었다. 나도 다리에 부상을 당하고 이들 수많은 인간 아닌 포로 틈에 끼워서 이리로 이송되었다. 들것 위에 드러누워 사방을 바라보니 그것은 새로 설립 중인 포로병원임에 틀림없었다. 미인들과 몸이 성한 포로들이 순식간에 천막을 세우는 광경은 몸이 아파 모든 것이 경황이 없는 마음에 스며들어 씁쓸한 진통제를 먹고 난 후 같이 얼떨떨한 인상 밖에는 주지 않았다.

모든 현상이 그러하였다.

얼이 빠질 대로 빠지고 나면 무엇인지 스며드는 쓸쓸한 것이 있었다. 요컨대 운수가 나빴던 것이다.

이태원 육군 형무소에서 인천 포로수용소로 인천 포로수용소에서 부산 서전병원으로 부산 서전병원에서 거제리 제14 야전병원으로—가족 친구 다 버리고 왜 나만 홀로 포로가 되었는가!

그리하여 이렇게 떳떳하지 않은 여행을 하여야 하게 되었는가! 요컨대 운수가 나빴던 것이다.

나는 이러한 자탄自歎을 하루에도 몇 십번씩 하지 않을 수 없었다.

꿈나라로 실려 들어오는 것같이 어떻게 생각하면 우연하게 들어온 이 거제리 수용소에서 나는 3년이라는 긴 세월을 지나게 되었다.

세계의 그 어느 사람보다도 비참한 사람이 되리라는 나의 숙망宿望을 만족시켜줄 수 있는 곳이 바로 여기 산 밑 경사진 논판을 편편히 메우고 일어선 포로병원이 될 줄이야! 몸에다 모포를 두르고 일을 시작하게 된 것은 크리스마스를 지내서 3, 4일 후 상처는 아직 완치되지 않았지만 나는 더 이상 암담한 병상에 들어 누워서 신음하는 데 싫증이 났다. 바깥에 나가서 햇빛을 쐬우고 나도 남같이 현실에 부닥쳐보고 싶은 의욕이 용솟음치는 것이었다. 수동적으로 불안을 받아들이느니보다는 불안 속에 뛰어 들어가 불안과 운명을 같이 하는 것이 괴로움이 적은 일이요 떳떳한 일같이 생각이 들었다.

물을 길어오고 환자들의 변기를 닦고 약품을 날아오고 소제를 하고 밥을 먹여오고 환자들을 시중하고 이러한 일을 힘자라는 대로 아무 것이나 가리지 않고 다 하였다. 별별 사람들이 다 모여 있는 곳이다. 위에는 검사, 판사, 신문기자, 예술가로부터 밑에는 중학생, 농부, 노동자에 이르기까지 별별 성격의 사람들이 주위 4천 미터의 철조망 속에 한데 갇혀있는 곳이다. 서로 싸우고 으르렁거리고 조금이라도 더 잘 먹고 남보다 잘 지내려고—나는 내가 받아야 할 배급물품도 제대로 받지 못하였다. 옷이나 담배나 군화같은 것이 나와도 나는 맨 꼬래비로 받아야

하거나 그렇지 않으면 못 쓰게 된 파치만이 나의 차례에 돌아오고는 하였다.

그래도 이북에 끌려가서 방공호 아닌 굴속에서 내 땅 아닌 의붓자식 같은 서름을 먹으며 열대여섯 살밖에는 먹지 않은 괴뢰군 분대장들에게 욕설을 듣고 낮이고 봄이고 할 것 없이 산마루를 넘어서 통나무를 지어 나르던 생각을 하면 포로수용소에서 받는 고민 같은 것은 아무 것도 아니라고 믿었기 때문에 나는 모—든 것과 모—든 사람에게 감사하는 마음으로 전신이 굳어지는 것 같은 충동을 수없이 느꼈다.

그러나 괴뢰군의 분대장들이 여기도 산더미같이 따라와 있는 것이다. 여기는 포로수용소다! 중성 하나짜리니 중성 둘짜리니 하는 괴뢰군 장교들도 있다는 소식이 들려온다. 그들은 대개가 수용소 안에서는 자기의 계급을 감추고 있는 것이다. 심사를 받을 때에 귀찮다는 이유도 있다. 그들은 포로수용소 안에서까지 적기가赤旗歌를 부르고 공산주의의 이론을 설파說破하고 선전하고 한다. 그것은 저으기 우스꽝스러운 일이었다. 하나에서부터 열까지 공산주의자의 하는 일이 옳고 훌륭하고 신성하고 미군이 하는 일은 무엇이든지 나쁘고 잘못하는 일이라고 흉을 본다. 페니실린이나 마이신 같은 정도의 약품은 자기 나라나 소련에서도 얼마든지 만들고 있고 병원 시설이나 대우도 문제가 되지 않는다고 고집을 피우면서 억설臆說을 한다. 밤이면 이 천막 저 천막에서 괴뢰군의 군가가 들려온다.

원던이라는 평안북도 선천 아이가 내 옆에서 자고 있었는데 이 아이마저 이럴 때면 덩달아서 어쩔 줄을 모르고 내 얼굴을 보고 망설거리다가는 밖으로 뛰어가는 것이었다. 홍일점이라는 말이 있지만 나는 정말 백일점白日點이었다. 나만 빼놓고 일천 육백 명 제3수용소 전체가 적색분자같이 생각이 들었다. 그러한 시달림 속에서 날이 지나는 동안 가족에의 애착도 옛날 친구들의 기억도 어느 듯 마비되어 버렸다.

도대체 가족이나 친구들의 생사를 알 도리가 없었다. 또 알고 싶은 생각도 편지를 쓰고 싶은 마음도 일찍이나 본 일이 없었다. 나는 밤이면 가시 철망가에 걸상을 내다놓고 멀리 보이는 인가와 사람들의 모습을 한없이 바라다보고 있는 것만으로 충분히 행복하였다. 내가 살고 있는 새로운 세상의 새로운 사람들 중에서 나는 '브라우닝' 대위를 발견하였다. 나는 그처럼 아름다운 여자를 본 일이 없다고 생각하였다. 나는 그를 위하여서는 나의 목숨이라도 바칠 수 있다고 믿었던 것이다. 미인들은 아침 여덟시에 수용소에 출근하여 저녁 다섯 시까지 근무하고 돌아갔다. 그 이외의 근무원으로는 한국인 의사와 한국인 간호원들이 있었다. 그들의 대부분은 피난민이었다.

포로들에게 있어서 인간들에게 대한 존경과 신망은 확실히 정상상태를 넘어서 병적인 정도에까지 이르는 수가 많았던 것이다. 그들은 자유를 가지고 있다는 것

피난민이건 어린 아이건 노인이건 거러지건 아니 수용소 철망밖에 있는 것이라면 소나 망아지 같은 짐승까지 포로들에게 있어서는 황홀하고 행복스러운 구경거리였다. 한 걸음이라도 좋으니 철창 밖에 나가보았으면! 이것이 포로들의 24시간을 통하여 잊혀 지지 않는 몸에 박힌 염원이요 기도이었다.

나는 '브라우닝' 대위를 통하여 임 간호원을 알게 되었고 임 간호원이라는 30을 훨씬 넘은 인테리 여성을 통하여 사회소식을 듣게 되었다. 임 간호원은 아침마다 흰 수건에 계란을 싸가지고 오든지 김밥 같은 것을 싸가지고 와서 사람들의 눈을 피하여 넌지시 나의 호주머니에 넣어주는 것이다. 그렇게 연애를 하여 보려고 연애를 죽어도 못하던 내가 이 포로수용소 지옥 같은 곳에서 진정하고 영원한 사랑을 얻게 될 줄이야!

나는 틈만 있으면 성서를 읽었다. 인민재판이 수용소 안에서 벌어지고 적색 환자까지 떼를 모아 일어나서 반공 청년단을 해산하라는 요구를 들고 날뛰던 날 밤 나는 열 한 사람의 동지들과 이 수용소를 탈출하여 가지고 거제도로 이송되어 갔다.

거제도에 가서도 나는 심심하면 돌 벽에 기대어서 성서를 읽었다. 포로생활에 있어서 거제리 14 야전병원은 나의 고향 같은 것이었다. 거제도에 와서 보니 도무지 살 것 같은 마음이 들지 않는다. 너무 서러워서 뼈를 어이는 서름이란 이러한 것일까? 아무 것도 의지할 곳이 없다는 느낌이 심하여질수록 나는 진심을 다하여 성서를 읽었다.

성서의 말씀은 주 예수 그리스도의 말씀인 동시에 임 간호원의 말이었고 '브라우닝' 대위의 말이었고 거제리를 탈출하여 나올 때 구제하지 못한 채로 남겨두고 온 젊은 동지의 말들이었다.

나는 참다 참다 못해서 탄식을 하고 가슴이 아프다는 핑계로 다시 입원을 하여 거제리 병원으로 돌아올 수가 있었다. 내가 다시 돌아왔다는 소식을 듣고 임 간호원이 비오는 날 오후에 '브라우닝' 대위를 데리고 찾아왔다. 나는 울었다. 남겨놓고 간 동지들은 모조리 적색 포로들에게 학살을 당하였다는 소식을 듣고 나는 아주 병이 들어 자리에 눕게 되었다.

이 원수를 갚아야 한다고 나는 미인들에게 응원을 간청하였으나 그들은 상부의 지시가 없이는 독단으로는 허락할 수 없는 일이라고 하면서 고개를 옆으로 흔들었다. 나는 국군 낙오병落伍兵 포로로 명망이 높은 반공투사요 우국지사인 황 중위를 찾아가 보고 비밀선봉대를 조직하려고 결심하였다. 나는 이리하여 반공투쟁의 첫 걸음을 포로수용소 안에서부터 시작하였던 것이다. 실로 기구한 투쟁이었다. 그러나 옳은 것을 위하여는 싸워야 한다.

나의 시는 이때로부터 변하여졌다. 나의 뒤만 따라오는 시가 이제는 나의 앞을 서서 가게 되는 것이다. 생각하면 모두가 무서운 일이요 꿈결같이 허무하고도 설운 일뿐이었다. 이것이 온전히 연소燃燒되어 재가 되기까지는 아직도 먼 세월이 필요한 것 같이 느껴진다.

《해군海軍》 1953년 6월호

나는 이렇게 석방되었다
—시인이 고하는 조국에의 공개장

'적'이라는 낙인—불행히도 포로로서의 기이한 신산辛酸을 맛본 연소年少한 일 시인이 조국에 고하는 공개의 일문

젖가슴이광에 찍힌 P. W

모두가 생각하면 꿈같은 일이다. 다시 광명을 찾아온 지 그 후 어언간 반 성상星霜이 사바娑婆의 생활 이것이 새벽의 꿈이라면 6·25 사변이후 사실보다도 몇 십 배나 길고 긴 것 같이 생각이 드는 억류생활은 심야의 꿈이다. 나의 기억은 막 잠에서 깨어난 어린아이처럼 얼떨떨하기만 하다.

잔등이와 젖가슴과 무르팍과 엉덩이의 네 곳에는 P. W (PRISONER OF WAR: 포로라는 의미)라는 여덟 개의 활자를 찍고 암흑의 비애를 먹으면서 살아온 것이 도무지 나라고는 실감이 들지 않는다. 육·이오 사변이 일어나서 석 달 사흘의 앞을 보지 못하였던 까닭에 나는 8월 3일 소위 의용군에 붙들리어 평안남도 북원리北院里까지 갔다 9월 28일 훈련소를 탈출하여가지고 순천順天을 앞두고 오다가 중서면中西面에서 체포되어 다시 훈련소에 투입投入

당하였다.

시월 십 일일 국제연합군이 순천에 낙하산으로 돌입하였다는 벼락같은 정보를 듣고 재차 훈련소를 탈출하여 산을 넘고 봉고鳳庫에서 하룻밤을 야숙野宿하고 그 이튿날 설사를 하면서 순천까지 왔다. 순천에서 C. I. C 통행 증명서를 맡아가지고 평양까지 왔다.

평양에서 이 대통령과

평양에 와서 비로소 이승만 대통령이 국군장병에게 보내는 치하문을 길가에서 읽고 나는 눈물을 흘리었다. 음산한 공설시장에 들어가서 며루치 150원어치를 사가지고 등에 걸머진 쌀 보따리 속에 꾸려 넣고 대동강다리가 반 이상이나 복구되어가는 것을 보면서 60원 씩 받는 나룻배를 타고 유유悠悠히 강을 건넜다. 강을 넘어서니 인제는 살았다는 감이 든다. 아픈 발을 채찍질하여 남으로 남으로 나는 내려왔다. 신을 벗고 보니 엄지발이 까맣게 죽어있다. 신을 벗어들고 걸었다. 오리도 못 가서 발바닥이 돌에 찔려가지고 피가 난다. 다시 신을 신고 걷는다. 새끼로 신을 칭칭 동여매고 걸어본다. 이리하여 황주黃州를 넘어서서 신막愼幕까지 왔다. 신막에서 미군 '트럭'을 탔다.

경상도 방언 쓰는 국군

'트럭' 위에는 남으로 나오는 피난민 부부와 아해兒孩를 그리고 경상도 방언을 쓰는 국군이 4, 5명 타고 있었다.

차는 순식간에 개성을 지나서 서울까지 들어왔다. 서대문 네거리에서 나는 차를 내리었다. 그 차는 김포비행장으로 간다고 아현동 쪽으로 달아나버리고 말았다. 10월 28일 저녁 여섯 시 경이었다.

서울의 거리는 살벌하였다. 6·25 전의 서울, 그 호화로웠던 서울은 아니었으나, 그래도 직장에서 파해 나오는 사무원 같은 선남선녀들의 몸맵시에는 내가 오래 굶주리고 있던 서울의 냄새가 담겨있었다.

살고 싶다는 의욕과 인제는 살 가망이 드디어 없어졌다는 새로운 절망의 인식이 동시에 직감적으로 나의 가슴을 찌르고 지나간다.

적십자병원 앞에 수인囚人

공연히 서울에 돌아왔다는 후회조차 드는 것이었다.
적십자병원 앞을 지나가는 수인의 대열 — 적구赤拘다. 나는 몸이 옷싹 추워졌다. 벌벌 떨리었다. 수인의 대열은 포탄에 얽은 이 빠진 가옥을 배경으로 영천靈泉쪽으로 걸어간다.
나는 눈을 지그시 감았다. 다시 눈을 떠서 하늘을 보았다.
옛날 그 어느 순간과도 같은 착각의 불꽃이 이상야릇한 방면으로 머리를 스쳐간다. 지나가는 사람들이 나를 치어다본다. 남루한 한복 길게 자란 수염 짧게 깎은 머리 천 오백리 길을 오는 동안에 온 몸에 배인 먼지 나는 의심을 받을 수 있는 모—든 조건을 구비하고 서울로 돌아왔다. 아니 나를 죽여주십시오 하고 돌아온 사람이나 마찬가지다. 나는 적십자병원 맞은쪽 과실가게 옆에 임시로 만들어놓은 파출소로 들어갔다.

한번이라도 보고 왔으면

나는 모―든 것을 고백하였다. "그러나 한 가지 부탁이 있습니다. 집의 식구들이 어떻게 되었는지 궁금하니 집에까지 가서 한번만이라도 보고 왔으면 고맙겠습니다." 하고 마지막으로 간청을 하니 내 이야기를 듣고 있던 순경은 "그러나 지금 통행금지 시간이 넘어서 충무로까지는 갈 수 없소이다."하고 "내일 아침에 보러 가시오. 지금 가다가는 또 도중에서 잡힐 터이니까"라고 말한다. 이미 나는 나의 운명을 결정하고 있었다. 나는 이대로 무사할 수 없다는 것을 충분히 느끼었다. 절망이 완전히 그의 테두리를 만들기까지의 시간이라는 것은 비할 수 없는 위험한 요동搖動의 시간이기도 하였다. 불안한 어머니의 얼굴 불안에의 신앙, 가족에의 신앙 눈물이 나올 여유조차 없는 절망 그래도 가족을 만나고 싶었다. 어머니만 만나면 무슨 좋은 지혜가 생길 것도 같았다.

해군본부 앞을 지났을 때

기어코 순경의 충고를 어기고 억지로 나는 서대문 파출소를 나왔다. 어둠이 나리는 거리는 나의 심장을 앗아갈 듯이 쉽기만 하였다. 이대로 어디로 달아나버릴 수 없는가. 이런 무서운 생각조차 들었다. 조선호텔 앞을 지나서 동화백화점을 지나 해군본부 앞을 지났을 때에 '짚' 차 옆에서 땀에 흠뻑 젖어있는 나의 얼굴을 향向하여 '프레시'의 광선이 날아왔다.

"어디로 가시오?"

"집에 갑니다."

나는 천연스럽게 대답하였다.

"어디서 오시오?"

"북에서 옵니다."

"무엇을 하는 사람이오?"

나는 한 발 쭈욱 앞으로 닥아 서서 나지막한 목소리로

"사실은 의용군에 잡혀갔다가 달아나와 지금 집으로 돌아가는 길입니다. 우리 집은 바로 요 앞이올시다. 방금 서대문 파출소에 들려서 자초지종을 고백하고 오는 길입니다. 집에 가서 한번 가족들 얼굴이나 보고 자수하겠습니다."

라고 애걸하였다.

"응 그러면 당신은 '빨치산'이로구료."

그는 대뜸 이렇게 말을 하고 권총을 꺼내들었다. 나는 기계적으로 번쩍 손을 들 수밖에 없었다.

구수한 의리義理에 찬 어감語感

영태원榮泰院 육군형무소로부터 인천포로수용소에 이송되어 나는 머리를 깎고 처음 P. W가 찍힌 미군 작업복을 입은 포로들이 철망 앞에 옹기중기 모여 있는 것을 보고 내가 인제 포로가 된 것이라고 깨달았다. '트로이'의 목마木馬같이 우뚝 선 수용소 대문 앞에는 G. I 포로감시원 그리고 포로통역 비슷한 콧날이 우뚝 선 청년들이 서로 웃고 놀리고 서서 있었으며 그들은 신 포로가 들어올 때마다 "인제는 살았으니 안심하라"고 격려의 말을 하여주는 것이었다. 그것은 공산주의자들이 그들의 소위 동무들끼리 주고받고 하는 그러한 격려의 말이 아니었다. 거기에는 어디인지 시정적인 건달들이 쓰는 구수한 의리의 찬 어감이 다분多分히 포함되어 있는 그러한 형태로 그러한 말이었다. 나는 포로수용소의 질서가 어떠한 형태로 어떠한 정도로 잡혀있느냐는 것을 순간적으로 감득感得할 수 있었다.

양장점의 '마네킨'

내가 들어 눕혀있는 곳은 어느 학교 강당의 2층 같은 곳이었다. 여기는 모두가 환자뿐이었다. 여기저기서 무서운 신음소리가 끊일 사이 없이 들려온다. 약 5, 60명가량 되는 부상당한 포로들이었다. 어느 사람은 팔을 어느 사람은 다리를 절단하고 들어 누웠고 어느 사람은 상반신을 석고로 만든 기물器物을 입고 앉아있는 것이 마치 양장점의 '마네킨'을 연상시켜서 서러웠다.

쉴 사이 없이 그들은 물을 찾고 변기의 주문을 한다. 그럴 때마다 물이 오고 변기가 대령되는 것이다. 수족을 절단한 환자가 자꾸 물을 청구한다. 그러면 옆에 누운 환자가 물을 찾는 환자를 타박을 한다. 새 환자들이 심심치 않을 정도로 남녀 안내원 같은 사람에게 인도되어 올라온다. 온전한 자세로 온전한 표정으로 걸어 올라오는 환자는 하나도 없다. 그 뒤로 앞서거니 뒤서거니 담擔까가 중환자를 싣고 올라온다.

몽혼주사朦昏注射를 놓아 달라

거의 여백이 없이 꽉 틀어박힌 마룻바닥에 억지로 부챗살 오그리드키 틈을 만들어 담까를 놓고 환자를 옮겨 내려놓으려고 하면은 환자는 틀림없이 외마디 소리를 지르는 것이었다. 사회인 의사와 사회인 간호원이 차례차례 회진을 하면서 돌아다닌다. 그러면 환자들은 가진 투정을 다 한다. 아파서 죽겠으니 몽혼주사를 놓아 달라느니 고름이 많이 나오니 '페니시링'을 놓아달라느니 솜을 더 갖다 달라느니 하고 형형색색의 강청을 한다. 나는 밥을 못 먹으니 사과나 술을 사다 달라고 버티는 환자도 있다. 회진이 끝이 나면 시약施藥과 주사를 노려 2, 3명의 여 간호원들이 올라온다.

"주사 맞으세요."

"나에요?"

하고 나는 고개를 번쩍 든다.

"아까 의사 선생님 보고 고름이 나온다고 그러셨어요?"

"네, 고름이 상당히 나옵니다."

"엎드려 누우세요."

"돌아눕지를 못합니다. 다리를 부상당하였기 때문에—"

"그러면 팔을 걷으세요."

나는 아래층에서 들어올 때 타입은 푸른 '터널'의 내의소매를 걷어 올린다.

여 간호원의 머리카락

주사를 놋는 여 간호원의 앞으로 한 가닥 흘러내려온 머리카락을 본다. 그리고 나는 깊은 고독에 빠져버린다. 모든 것과 격리 당하고 말았다. 나는 인제 사회인이 아니다. 나는 포로다. 포로 포로…… 포로…… 포로 얼마동안인지 눈을 감고 그대로 잠이 들어버린 나의 어깨를 흔드는 소리가 들린다. 눈을 떠본다. 여기 들어올 때 처음 심사를 하던 27, 8세가량 되는 미군 군복을 말쑥하게 입은 청년이다. 포로 심사관이다.

"어디서 포로가 되었소?"

"서울입니다."

"어디를 부상당했지요?"

"양쪽 다리올시다."

"무엇에 부상당하였지요?"

나는 무엇이라고 대답하여야 옳을지 주저할 수밖에 없었다.

"총상이요? 파편상이요?"

그는 재우쳐 묻는다.

확실하지 않는 기억

사실 나는 어떻게 부상을 당하였는지 그에 대한 기억이 확실하지 않았다. 언제 의식을 잃었는지는 도무지 알 수가 없었다. 내가 정신이 났을 때는 내 옆에 얼굴이 예쁘장한 여자같이 생긴 젊은 군의관이 한 손에 주사기를 들고 내 얼굴을 들여다보고 빵끗이 웃으면서 무엇이라고 위안을 하여주던 때이었다.

"여기는 이야! 다 같이 인제 명랑하게 살자우. 여러분은 인제 오늘부터 대한민국 사람이란 말야!"

하고 말하는 그의 목소리가 그의 얼굴에 비하여서는 동 떨어지게 굵은 목소리이었다는 것만이 이상하게도 기억에 뚜렷할 뿐 그 후에 오는 나의 기억도 간간히 흐르는 먹구름 모양으로 끊어졌다 이어졌다 하는 것이었다.

의용군에 나갔구료

심사관은 내가 대답이 없는 것을 보고 "어디 상처를 봅시다" 하고 다리에 걸친 모포를 젖힌다고 고름냄새가 획 하고 코에 풍긴다. 그는 살그머니 모포를 다시 덮고 나서 나의 얼굴을 보더니,

"고향이 어디요!"

하고 묻는다.

"서울에 있었어요."

"그러면 의용군에 나갔구료."

하고 그는 하얀 '카드'에다가 무엇이라고 두어 자字

쓰적거린다.

"선생님! 아까 의사 선생님이 보시더니 한 쪽 발은 잘라야 하겠다고 그러시던데요."

하고 얼토 당치도 않은 질문을 하는 나에게 그는 대답 대신 손에 쥐고 있던 하—얀 '카드'를 나의 오른 편 머리맡에다 놓고 일어서서 다음 차례 환자에게 옮겨간다.

영자로 횡서橫書된 내 이름

나는 조금 아까 간호병이 놓고 간 담배에 불을 당겨 피어물고 고개를 돌려 하—얀 '카드'를 들여다보았다.

거기에는 내 이름이 영자로 횡서되어 있었으며 포로 번호하고 인쇄된 줄에는 一〇三六五五라는 번호가 적혀있었다.

그 이튿날 오후에 나는 적십자 군용 병원열차를 타고 부산 서전병원瑞典病院으로 이송되었다.

이렇게 하여 나는 작년 11월 28일 충청남도 온양 온천 한복판에 흘립屹立한 국립구호병원에서부터 석방되는 이백 명 남짓한 민간 억류인 환자의 틈에 끼이어서 25개월 동안의 수용소 생활을 뒤로 하고 비로소 자유의 천지로 가벼운 발을 내디딜 수 있었던 것이다. 너무 기뻐서 나는 집으로 돌아갈 생각도 잘 할 수 없었다. 길거리— 오래간만에 보는 길거리에는 도처에 '아이젠하워' 장군의 환영 '포스터'가 첩부貼付되어 있었다. 나는 그의 빙그레 웃고 있는 얼굴을 10분이고 20분이고 얼빠진 사람처럼 들여다보고 서있었다. 12시 20분 천안天安으로 가는 기차를 타고가야 할 것을 다음 차로 밀고 나는 온천거리를 자유의 몸으로 지향指向없이 걸어 다니었다.

《희망希望》 3권 8호. 1953년 8월호

가냘픈 역사

날이 좀 더 좋고 하니까 나도 좋다고 믿어버리는 따위의 그 습관이라기보다는 생활의 우둔愚鈍이라고 할까. 이러한 것이 어느 듯 좋아지게 된 것도 나이가 시키는 일일 것인데 내가 말하는 나이는 반드시 늙었다는 의미에서 보다는 이러한 경우에는 오히려 청춘의 저항을 의미하는 것이라고 현명한 독자는 이해할 수 있을 것이다.

혹은 태만怠慢의 저항이런지 하여간 그 정도의 감정인 것이다. '파카' 만년필을 나는 두 번 가져보았다. 아니 잘 생각하여 보면 그 이상 가져본지도 모르지만 나의 기억의 뚜렷한 범위 내에 있는 것은 두 번. 한 번은 나의 애인이 사준 것이다. 그 애인은 연령 35세. 아이가 셋이나 있었다. 내가 포로수용소 안에 억류되어 있을 때 그 자는 포로인 나에게 반했었고 나도 물론 그 여자에게 반하였다. 우리들은 그 속에서 2년 동안 억류된 사랑을 하였다. 안타까웁고 말할 수 없이 슬픈 사랑이었으나 우리들은 겉으로는 너무나 태연하게 참고 있었다. 중년의 지혜가 시켜서 된 일이 아닐 것이다.

우리들은 오히려 그처럼 강렬한 사랑의 인내속에서

무한의 행복을 느끼고 있었는지도 모른다. 포로생활도 해가 바뀌고 나서 내일이 3월 1일이라는 날 밤 나는 소위 인민재판이라는 것을 받고 거제도로 쫓기어 가게 되었다. 그때 이 여자가 '파카' 21을 나에게 주었다. '성서'와 '파카' 만년필이 없었던들 나는 거제도에서 설음에 박혀 죽었으리라. 그러던 여자가 내가 거제도에 있다 못해서 3일간을 단식하며 한병환자恨病患者가 되어 거제도병원으로 다시 돌아와 보니 그러던 그 님은 그 날의 그 '님'이 아니었더라. 한 달도 못된 사이에 새 임자가 나타나서……. 나는 '파카' 21을 정중하게 돌려보내주었다. 그것을 돌려주고 나니 눈이 하나 더 새로이 생긴 듯 심봉사가 눈을 뜰 때도 이것보다 더 밝지는 않았을 것이라고 생각하였다.

두 번 째 가진 것은 사회에 나와서 맨 첫 번 월급月給다운 월급을 받았을 때이다.

글을 쓰는 것이 나의 천직이니까 만년필을 좋은 것을 갖고 싶은 것이 단순하고 자연스러운 욕망이 아닐 수 없었다. 나는 '파카' 21을 샀다. 51호짜리를 사려고 하였으나 역시 21을 샀다.

그 후 며칠 동안 나는 나의 책상 위에 이 새로운 만년필을 놓고 밤늦게까지 바라보고 있었다. 그러던 것이 비오는 어느 날 친구 K시인의 결혼식에 가게 되어, 우중雨中을 무릅쓰고 우산도 없이 연회에까지 가서 의례히 술을 마시게 되어, 술을 마시던 예전에 없던 버릇으로 주정이 심심甚深하게도 한심하게도 늘어가는 나는 그날 밤에도 연회가 끝나기 전에 벌써 실혼失魂 상태에 빠져버리고 그 이튿날 친구들을 만나서 부끄러워 감히 얼굴을 들지 못한 정도의 행패를 한 모양이다.

이튿날 아침에 뼈가 녹아날 듯 한 몸을 일으켜서 살펴보니 왼쪽 손가락 인지人指와 중지中指 두 개가 부상, 그리고 소지품 일체 분실, 누워있는 데는 내가 존경하고 있는 평론가 R씨의 병원 2층.

제일 아픈 것이 제2 국민병 수첩과 신분증명서의 분실. 둘째가 신주같이 위하는 만년필. 셋째가 손가락.

2층 장지를 열고 바깥을 내다보니 여전히 비는 끝일 줄을 모르고 나리고 있었으며 나의 옷은 피와 개 흙투성이. 나는 빈 친구의 안방에서 한껏 울 수밖에 없었다. '파카' 만년필을 산 것을 후회하였다. 오히려 그 돈으로 고생하는 어머니에게 효도라도 하였더면 이런 천벌은 받지 않았으려니 생각이 들고 도대체 문학을 한다고 하는 그 자체부터가 애초부터 비 뚫어진 일 같이 새삼스러이 느껴지고……. 아아! 나는 언제나 "너는 더 타락하여라. 더 타락하여라." 하는 소리를 듣고 있으며 또 그 소리의 의미를 믿고 있다.

나는 반드시 낭만주의자가 아니다. 타락이 낭만적인 것이기 때문에 타락하는 것도 아니며 선천적으로 낭만적인 성격이 남보다 많아서 그렇게 되는 것도 아니다. 나는 요사이 비로소 비정非情이라는 말의 진미를 알았다. 두 번 째 '파카'를 잃어버리고 나서부터는 어쩐지 옛날 '파카'를 주던 여자의 모습이 부지불각不知不覺으로 다시 뇌리를 스쳐가며 나를 괴롭힌다. 호주머니가 궁하여지면 애인의 생각이 심하여지는 것은 나만이 가지고 있는 괴상한 심리작용인지 모르겠다.

세 번 째의 '파카'를 사기 위하여 나는 맹렬히 발분發奮하였다. 싼 만년필은 사기 싫고 '파카'를 살만한 모내기 돈은 생기지 않은 채 지옥 같은 며칠이 지냈다.

손을 부상당한 것에 대하여 만나는 친구마다 인사를 받지 않으면 아니 되었다. 나는 부랴사랴 제2 국민병 수첩 분실계를 냈다. 친구가 있는 신문사로 뛰어가서 분실 광고를 내었다. 광고비 5백환은 외상, 자기 월급에서 제하게 하겠노라고 울상을 하는 가난하고 고마운 신문사 친구 G에게 나는 어쩌자고 점심까지 외상으로 빼앗아먹고 헤어졌다.

오늘은 세상없어도 시민증 분실증명원을 하겠노라고 그에 필요한 보증인 3명을 구하러 남포동으로 어슬렁 어슬렁 걸어 나갔다. 사실은 어디서 잃어버렸는지 그것도 확실하지 않았다. 제2 국민병수첩 분실계에는 그 분실 장소 난에 초량草梁이라고 하여놓고 시민증 분실증명원에는 버스 안에서 도난을 당하였다고 적어놓았다. 어떻게 없어졌는지도 모른다.

날이 지날수록 어렴풋이 떠오르는 환상은 있었다. 그러나 그것도 번개 같은 것이다. 어쩌면 술이 취하였다고 이렇게 모를 수가 있는가? 그것은 술이 취하였던 것이 아니라 죽었다 살아난 것 그것에 틀림없었다. 인제 와서는 잊어버린 것은 할 수 없는 일이라 하드라도 어떻게 없어졌으며 어디서 없어졌는지 다만 그것이나마 알고 싶었다. 해답은 의외로 빨리 왔다. 보증인 3명을 구하여 남포동으로 어슬렁 어슬렁 걸어 나가서 하루에 한 번씩은 반드시 들러야 하는 나의 일과 같은 S잡지사에 들러 P를 만났다. P를 만나보니 또 술 생각이 난다. 그것은 우리의 의무 같은 것이다. 둘은 행길로 나왔다. 그때 누가 뒤에서 부르는 소리가 들려온다. 부르는 사람은 S잡지사 아래 층 다방의 심부름을 하고 있는 놈이다.

그는 나를 보고

"아, 요전에 약주 취하시고 신분증 잊어버리지 않으셨어유?"

한다. 그렇다고 하니까 사실은 그 신분증명서는 이 거리 거지들이 가지고 있는데 그것을 찾으려면 돈을 내야한다고. 돈이 얼마냐고 하니 가격은 그것을 가지고 있는 거지 놈에게 물어보지 않으면 확실한 것은 모르나 아마 8백환 가량이면 내어놓을 듯 하다고 한다. 꿈같은 이야기다. 아주 잃어버린 줄 알았던 것이 나왔다는 것이 꿈같고 그것도 초량이니 동대신동이니 하고 암중모색暗中摸索 하던 곳과는 얼토 당치도 않은 바로 내 집같이 매일 드나 다니던 이 S잡지사 아래층에서 발견되었다는 것도 꿈같고 만년필이니 가죽 지갑이니 값어치 나가는 것만을 싹 빼어달라고 팔아야 서푼 짜리도

안 나가는 신분증명서만은 모두 분실인에게 되팔아먹자는 보아 한즉 한 번 두 번이 아닌 것 같은 그들의 마魔의 수법의 주밀성周密性이 또한 꿈같다. 나는 어안이 벙벙하여 말이 얼른 나오지 않았다.

겁이 많은 나는 어쩌면 무서운 생각조차 들었다. 내 대신 P가 나의 '스포크스. 멜'이 되어서

"이 새끼들 지금 곧 안 가져오면 경찰서에 말해서 기관총으로 드르륵 쏘아 죽여 버릴테야!!"

하고 소위 공갈을 때렸다.

나는 그가 과연 소설가로구나 하고 속으로 흐뭇이 만족하였다, 효과는 직효였다. 나는 4백환을 주고 증명서를 샀다.

지갑은 나의 지갑이 아니었으나 속에 증명서, 수첩 등은 고대로 다 들어있다.

나는 세 번 째 '파카'를 사는 대신에 고식古式 '에보 나이트' 금촉이 박힌 뱃때기가 우둥퉁한 왜식 만년필을 산지 얼마 되지 않는다. 확실히 고식이다. 값도 '파카'보다 훨씬 싸다. '파카' 같이 가냘프지 않고 아무렇게 굴려도 좋다. '잉크'도 유리 '튜브'로 되어서 집어넣어야 한다.

배꼽을 햇볕에 요리조리 굴려 벌서 보니 가느다랗게 '히토라'니, 뭐니 써 있다. 중고품이다.

《신태양新太陽》 1954년 1월호

제2부

제 1 장

시 번역

잎이여 꽃이여 돌이여

앤 모로 린드버그 · 김수영 역

지금 여기에는 말이 없나니
그 대신 나에게는 잎이 있나니
꽃이 있나니 돌이 있나니
나의 옆에는 잎이 붙어있나니
나의 잎은 말을 할 수 없는 것이어니
나는 눈을 가늘게 하여 살펴보누나.
나무 잎 가는 줄기에 백인 사닥다리 무늬가
상형문자같이 새기어진 것을
분석하고 시험하는 머릿속을
한 결 같이 선명하며
너의 남쪽을 향하고 있노라
나의 앞에는 잎이 붙어있나니
나의 마음에는 꽃이 있나니
거기는 노래도 볼 수 없구나.
시 보다도 더 순결하게
향기는 떠오를지어다.
꽃닢 우에 꽃잎은 겹쳐지며
향기 높은 계단이 있는 곳을 향하여

너에게로 올라간다.
보다 더 □□한 음악에 몸을 새□고
너는 지금 예술보다 더 천진하지 않으냐
나의 마음에는 꽃이 있나니
나의 손에는 돌이 있나니
침묵에 가득 차서 쉬고 있는
나의 손 안에 있는 것은 혹시는 한 마리의 새가 아닌가 보다
나뭇가지 둥어리 우에 숨어있는 것이
그러나 선동 속에서
하늘을 날아가는 부름을 듣고
그 조그마한 몸을
연鉛추가 떨어지듯 대지를 향하여 □□ 향하여 떨었더란 것이다.
무거운 엄숙함
나는 이것을 어찌할 수 없노라.
나의 손에는 돌이 있나니
지금 여기에는 말이 없나니

그러나 너는 알지어다.
내가 부르는 모—든 노래가
너를 위하여만 있는 것이라는 것을 잎이여 꽃이여 돌이여
(아. 네모—로우. 린드버—그)

〈연합신문聯合新聞〉 1954년 6월 11일

당신의 마음 사랑

프랑시스 잠 · KSY 역*

신이여
당신은 나를 인계人界에 불러냈습니다.
그래서 나는 온 것입니다
나는 괴로워하고 나는 사랑합니다.
당신이 주신 말로 나는 이야기했습니다.
당신이 내 부모에게
가르쳐주신 문자로 나는 썼습니다.
나는 나의 일을 갑니다.
어린아이들에게 놀림을 받아가며
머리를 숙이고 지나가는
외로운 당나귀처럼
그래서 당신이 또 부르실 땐
나는 당신의 마음속으로 가겠습니다.
사원에 종이 웁니다.

〈연합신문聯合新聞〉 1954년 12월 19일

* KSY를 김수영의 이니셜로 추측해 수록했다.

'파우스트'의 진보

칼. 샤피로(미) · 김수영 역

여러분이 아시는 바와 같이
그는 독일에서 태어난 후,
1595년에 '크라코우'에게서 마술의 면허장을 얻었다.
그의 초상화는 과학으로 말미암아 높은 품격을 갖추게
되었다. 그의 눈은 꾸부러진 영혼에의 가벼운 착념着念이
있는 듯이 솔직하지 않았고 '수치의 왕자王子'와
결탁함으로써 이지적으로 불명예한 쾌락과 통상을 하게
되었으며, 이러한 것들은 그의 이름을 기명하여둔 모든
재판소에 알리어져 있었다.
그는 종종 자태를 감추었고, 그동안에 그는 여러 지방을
다니면서 지옥에 떨어진 사람들을 찾아다니거나 또는 그의
정기적인 가사假死에 빠지거나 하였다. 그러나 그는 갱생의
길을 발견하지 못하여, 의사의 '가운'을 입고 다시
나타나서는 자선시慈善市에서 강의를 하고, 요금을 받으면서
조그마한 마술을 부리었다. 계단 위를 치어다보고
해부학의 요술을 가르쳐달라고 속삭인 일도 한 두 번이
아니었다.
천사를 보면 지식이 있는 군중들과의 주말여행에서 그는

'푸란시스. 베이콘' 경과 해후하여 '선악의 색옷(색의色衣)'의 징모에 조력하고, 음탕한 설교를 낭독하였으나 아무도 이것을 듣고 웃는 사람은 없었다.

그는 백 년 동안을 '대륙'을 여행하고 농민들에게 괴뢰극을(자기의 비극적인 내력으로 꾸민) 장려하였고, 그밖에 백색 권투장갑을 끼고는 악마의 빰을 때리고 흑색 권투장갑으로는 자기의 빰을 때리었다.

이것에 피로를 느끼자 그는 자기의 죄악을 적은 1전짜리 시를 발표하고, 그 속에서 1전을 받고 승리를 한 백색 권투장갑을 어마어마하게 역설하여 놓았다.

불란서의 제왕諸王들이 출혈을 하기 얼마 전에 그는 위품威品있는 교훈적인 태도를 꾸미게 되었다. 그러나 그가 가르친 모든 것에는 별안간 학자의 수염과 천사의 날개가 성장하는 것 같은 인상이 생기었다.

이것이 '전복'을 낳았던 것이다. '이성'의 보위寶位 위에서 그는 아리따운 '푸리쥐어'인을 무릎위에 앉히고 모든 대학을 자기의 대학이라고 부르면서 여러분들의 호감을 살 수 있을만한 허울 좋은 외관을 꾸미었다.

그 다음 그는 독일로 돌아와서 성인 중의 성인인척 행세를 하고 각 지방에서 작당을 지어서 모여드는 젊은 청년들에게 비교과학을 가르쳐주었다.

이 말을 들은 젊은 사람들은 자기들이 시대의 사표師表의 말을 듣고 있다고 생각하였다. 이때에 그는 비밀적 형식으로 자기의 영혼의 단편을 악마에게 지불하였고 그의 학자들 중에서는 어느 사람은 흐느껴 울고 어느 사람은 차라리 '사탄'이 다시 부활하여 자기와 그 이외以外의 모든 사람들을 살리기를 기원하였다.

그래도 그 후로 얼마만큼 있다가 1939년에 와서 '파우스트'는 제3 독일연방공화국에서부터 추방을 당하였다. 그의 퇴장으로 인하여 변경지방을 제외하고는 '라인'강 지방 전체는 괴멸壞滅의 위기에 빠져버렸다. 적에게도 아방我方에도 알려지지 않은 채로 5년 동안을 미국의 사막 속에 숨어있었던 그는 전쟁이 끝이 나자 겨우 다시 나타났는데, 그때의 그의 등에는 원자의 고대광실이 솟아나있었다.

《전망展望》 1957년 11월호

제2장

산문 번역

최근 불란서의 전위소설

장. 부로귀, 미셸 · 김수영 역

제1차 세계대전 이후에 갑자기 모든 것이 변하고 말았다. 대부분의 불란서 인들은 이미 내심으로는 자기들이 살고 있는 사회체제를 전혀 찬성하고 있지 않았기 때문에—그들이 설사 그런 사회에서 이익을 보고 있다 할지라도—그들은 위험이 없는 반항에 대한 취미를 알게 되었다. 그리고 그들은 이러한 반항을 예술 속에서 발견하였다.

당시로 말하자면 입체파가 돈을 벌고 '피카소'가 가장 유행적인 화가가 되고 초현실주의자가 자기들의 방법과 원칙이 말하자면 반란의 간상奸商들에 의해서 통속화되는 것을 보고 있을 때이었다. '장, 꼭또'는 이들의 중매인 중에서 가장 유명한 사람이었다. 1920년에 전위 예술가들은 아직도 그 당시에는 '살롱'이 되어있지 않던 '지붕 위의 소'에 모이고 있었다. 그 후부터 거기는 즉 전위들의 본거지가 되었고 전위에 소속하고 싶어 하는 수많은 사람들이 부랴부랴 하고 몰려들었으며 모두가 제각각 자기들의 몫을 차지하고야 말았다. 이러한 '그룹'들의 일부는 서로 환경이 틀리고 심지어는 상반되는 데도 불구하고 일점一點에 집중되고 있는 것이 그의 특색이었다.

혹종或種의 대중이 볼 때에는 전위예술은 본질적으로 젊은 예술가로써 형성되고 있는 것이었다. 따라서 결국은 모든 젊은 예술가는 필연적으로 그 운동에 가담하고 있는 것 같은 얼굴을 하고 다니지 않으면 아니 되었다.

'미누. 드루에' 사건은 점화되지 않았다고 지금은 우리들의 앞에는 '후랑소아. 사강'과 '로제 바딤'이 남아있다. 〈알뜨〉(우익)와 〈렉스쁘레스〉(좌익) 같은 주간지의 기사를 만약에 신용한다면 '사강'과 '바딤'은 '실패된 밀회'라는 '발레'를 합작하고 있다고 보도되고 있듯이 〈'후랑소아즈 사강'과 '로제 바딤'은 현재 1958년의 전위예술의 가장 사랑스러운 핵심을 구성하고 있는 셈이다. 이와 같은 사실은 곰곰이 생각해본다면 오히려 깜짝 놀라지 않을 수 없는 일이다.〉라는 것은 이 젊은 사람들은 제각각 자기들의 분야 문학과 영화—에서 극도로 잘 다져놓은 대로 위를 따라가는데 만족하여 왔다고 생각되기 때문이다. 그들이 어떤 발견이나 혁명을 우리들에게 재래齎來하고 있다고 생각하기는 힘드는 일이다.

한편 〈알뜨〉 지와 〈렉스쁘레스〉 지의 말이 옳다면—그리고 여기에 공산주의자의 주간지 〈레뜰. 후랑세스〉가 가담되고 있다—'사강'과 '바딤'이 동 주간지의 기사에 자기들의 발레가 부르조아 사회에 대한 공격을 구성하였기 때문에 실패로 돌아간 것이라고 설명하였을 때 모든 일은 일변하고 말았던 것이다. 우리들은 실로 '램보오'의 시대 '지이드'와 '끄로오델'의 시대, 그리고 초현실주의자의 시대로부터 조차도 멀리 떨어져 있다.

오늘 날에 있어서 전위예술의 대중은 '실연자에의 충고' 난欄 영화는 소극장에서는 실패를 보지만 옆에 있는 대극장에 가면 거대한 성공을 거둔다.

그러나 내가 최초에 말한 것 같이 전위파 사이에는 경쟁이 있다. '사강'의 제국이 결국 다만 문학과 아무런 관계도 없는 사람들에 의해서만 인정되고 있는 문학계에 있어서는 특히 그러하다. 왜냐하면 다행하게도 정상적인 전위예술의 특징을 보여주고 있는 젊은 작가들의 일군이 여기에 존재하고 있기 때문이다.

19세기의 소설은 본질적으로 두 가지의 요소위에 세워지고 있다. 즉 플롯과 기담綺談 설화의 의미에 있어서 인물과 스토리 그러나 인물과 플롯은 다만 그것들이 '조리 있는 사회질서'에 다시 말하자면 '부르조아 사회'에 관계되고 있기 때문에 소설의 기본적 요소가 될 수 있는 것이다.

'우리들은 여전히 이 사회 안에서 살고 있지만 그러나 우리들은 이미 사회를 믿고 있지 않다.'고 '베르날. 뼁고'는 말하고 있다. 결과적으로 보아서 사회의 붕궤는 그 사회의 구성 요소 중의 하나의 붕괴를 필요로 한다. 사람이 한 사회의 존재를 이미 믿고 있지 않다면 그 사람은 이미 그 사회를 구성하고 있는 인물의 존재를 믿고 있지 않다는 것이다. '뼁고'는 다음과 같이 계속하여 말하고 있다.

사회적으로 본다면 개인은 이미 아무 것에도 부합되는

것이 없다. 심리적으로 본다면 그는 하나의 가면이 되었다. 우리들이 오늘 날 인간행동에 대해서 알고 있는 것 그리고 소설가가 왕왕히 심리학자들보다도 한 걸음 먼저 예언하여 온 것은 단일한 인물이나 그의 개성(정신착란 중의 그것일지라도)에 대한 낡은 관념을 죽여 버렸다. 자기의 사회적 환경에 배반을 당한 이 인물은 자기 자신에 대한 확신마저도 상실하여버렸다. 그는 자기 자신의 내부에서도 자기의 주요主邀에서도 지지할만한 것을 발견하지 못하고 있다. 노골적으로 말하면 이 추론은 확실성이 없는 것이고 따라서 우리들이 부여된 사회에서 느낄 수 있는 확신의 결핍이 어째서 필연적으로 소설가의 눈에 비추는 현실상의 인물의 결핍을 낳게 되는지 짐작하기 힘 드는 일이다.

우리들은 새로운 이 유파流派를 생각하여볼 때 여기에 탈락점이 있는 것을 발견한다. 그리고 이 탈락 점은 그것이 바로 그들의 이론의 심장부에 위치하고 있는 것이기 때문에 그 마음 더 심각한 것이다. 그러나 위태로운 것이든 확고한 것이든 간에 가장 중요한 것은 이 이론이 우리들을 어디로 끌고 가는가 하는 것을 결정하는데 있다.

인물과 '플롯'이 소설에서 자세를 감추게 된다면 남아있는 것은 무엇인가? 그것은 객체라고 '로베. 그리레'는 대답하고 있다. 그리고 그것은 의미가 없는 객체이다. 한 인물이 되기를 중지한 개인 즉 그의 심리가 약탈된 개인이 하나의 객체가 될 수 있다면 그 객체 자신은 마땅히 모든 의미 즉 모든 깊이를 약탈당한 것이 이야기한다.

'발작'에 있어서 우리들은 조끼의 묘사가 그 무엇을— 부화富華 '댄디즘' 혹은 그와는 정 반대되는 빈궁 겸손 등을—'의미하고' 있는 것을 짐작할 수 있다. 그런데 새로운 이 유파의 소설에 있어서는 객체는 이와 같은 '실용적 역할'이 부인되고 있다. '그것은 이미 물질적 가치나 도덕적 가치를 나타내기 위해서 거기에 있는 것이 아니다.' 그러니까 우리들은 '베르날. 뼁코'가 말하는 소위 '표면소설'을 창조하려고 계획하는 '객체' 문학에 다다르고 있다. 우리들이 이 이론을 영감을 준 작품들에 대한 판단은 하지 않기로 하고—이상한 허무주의를 발견하게 되는 것은 사실이다. 왜냐하면 결국에 있어서 17세기 이후의 소설의 발전은 확실히 연면連綿한 취득을 통하여서 이루어져왔기 때문에는 장편소설이라는 것은 주인공은 가지고 있었지만 인물은 가지고 있지 않았다. 동일한 방법으로 그들은 의미 있는 이야기를 하려고 하지 않고 다만 일반적으로 환상적인 성질의 이야기, 다만 독자의 흥미대상이 될 수 있는 객체의 이야기를 하려고 하였다. 인물과 '플롯'을 갖게 된 역설은 계속하여 도덕적, 사회적, 역사적 그리고 철학적 분야를 정복하였다. 최근의 얼마동안을 두고 그것은 새로운 영역, 즉 세계에 대한 철학적 조직과 관찰의 영역으로까지 들어오고 있다. 우리들은 소설이 자신을 객체에 국한함으로써 이와 같은 모든 과거의 취득 물을 벗어버리게 되는 것이라고 상상할 수 있다. 그런데 '로버. 그리레'의 말에 의하면 그것이 그런 게 아니라고 한다.

'만약에 감정 심리적 운동 그리고 도덕이 존재하고 있다면 이러한 것은 모두가 무엇보다도 먼저 객체에 의해서 전달되고 있다고 나는 믿는다.'고 그는 말하고 있다.

'로벨. 강뗄'은 다음과 같은 재치 있는 대답을 하였다. '나는 그것을 통해서 보는 사람이 없이 그것이 제물로 모든 것을 보고 있는 안경眼鏡을 아직껏 한 번도 본 일이 없다.' 사실 상 '로랑. 발떼'가 말하는 소위 '창작의 영도零度'에 도달하였거나 혹은 도달하려고 시도한 사람들의 업적은 그들의 제기한 문제가 엄밀한 의미에서 동일한 것이 아니라고 생각되는 그러한 다양성을 보여주고 있다. 다만 '아랑. 로베. 그리테만'은 자기의 교리에 전적으로 충실한 태도를 지키고 있다. 그 결과로써 제작된 제 소설은 다음과 같은 두 가지 이유로 해서 읽기가 매우 힘이 든다.

즉 제일의 이유는 우리들이 문자 그대로 의미가 없는 역설에 습관이 되어있지 않다는 것 적어도 그 소설 작품이 일부러 그렇게 꾸미어져 있는 경우에 그런 작품에 길이 들어있지 않다는 것이다. 제 이의 이유는 일 비평가의 말을 빌리자면 '로버. 그리떼'는 '토지등록소 경쟁을 하는데' 그치고 말았다는 것이다. '끄로오드. 모리스'는 그의 저서 '현대문학' 중에서 '로버. 그리떼'의 경우를 조사하면서 그의 소설 '루. 보이율' 중에서 다음과 같은 글귀 마디를 인용하고 있다.

'그리하여 창에서부터 시작하여서 왼편으로(다시 말하면 시계 침과는 반대 방향으로) 돌아가고 있었다. 걸상 두 번째 걸상, 경대(구석에 있는) 옷장 두 번째 옷장 (두 번째 구석까지 펴져있는) 세 번째 걸상 벽을 향해서 세로 놓여있는 벚나무 침대 아주 조그만 테이블…….'

그만 그치기로 하자. 작자 자신에게는 계속할 이유가 없는 것처럼 그쳐야 할 이유도 없다. 이와 같은 양식의 모든 묘사는 언제나 계속될 수 있다. 그밖에 우리들은 이러한 산문의 배후에 있는 원칙이 어떠한 것인가 하고 궁금하게 생각한다. 어째서 '옷장'과 '벚나무 침대'를 말하고 있나? 옷장은 무슨 나무로 만들어졌나? 그리고 걸상들은? 그것들은 무슨 빛깔이었나? 환기喚起가 일단 묘사에 의해서 대치되자 후자는 무한한 것으로 된다. 또한 작자의 이론적인 진술을 떠나서는 이러한 객체들이 어떠한 방식으로 제 감정 즉 심리적 운동 등을 '전달'할 수 있는지 분간하기 곤란하다.

살뜰히 말하는 '나따리. 사로뜨'의 소위 '반 소설'은 그것이 한결같이 엄격하고 독단적인 관념위에 기초를 두고 있는 것이기는 하지만 한층 더 흥미가 있는 것이다. 이 작자도 또한 심리학을 기피하고 있지만 그녀는 객체의 무제한한 묘사를 인간관계의 표면적 진부성陳腐性에 대한 절대적인 관심으로 대치하고 있다.

그녀의 인물들은 다만 그들이 말하고 있는 것에 의해서만 존재하고 있으며 또한 그들은 그들이 지껄이고 있을 때에도 아무 것도 말하고 있는 것이 없다. 살뜰히 '미지인의 초상'에 붙인 그의 서문에서 말하고 있듯이 그녀는 우리들로 하여금 불확실한 것의 벽을 보게 한다. 그녀는 우리들로 그것을 도처에서 보게 한다. 그리고 이 벽의 배후에는? 거기에는 무엇이 있는가? 그렇다. 거기에 있는 것은 확실히 무無다. 총체적으로 말하자면 이 전위파의 경험은 모든 앞서서의 그것들의 경험이다. 그것은 중요한 발견을 하였다. 객체가 그것이다. 그것은 무의미의 확장된 영토이다. 의미가 가득 차있는 말만을 '발작'의 주인공들 같이 이야기를 한 사람이 한 사람도 없었던 것은 사실이다.

우리들이 살고 세계에서는 무의미한 객체가 소설이 여기까지 지시하고 있는 것도 사실이다. 그러나 '로베. 그리떼' 일파가 감지하지 못하고 있는 것은 그러한 진술의 진리가 어떠한 것이던가. 그것이 그들에게서 추출하고 있는 단호한 결론이(막상 허위는 아니라할지라도) 불모한 것이었다는 것이다.

그것은 우리들이 무의미한 객체와 불확실한 언사에서 문학을 만들어낼 수 없다는 단순한 이유에서이다. 이에 대한 종합이 내가 이미 앞서서 말한 소설—'미셸. 부똘'의 '변경'—에 있어서 위대한 재능을 가지고 이루어졌다고 볼 수 있다. 심리적인 소설을 단념하지도 않고 자기 자신에게서 인물의 창조와 자기의 인물을 통해서('샬. 똘'이 말하고 있듯이 '경찰관처럼') 자기 자신을 삽입시키는 작자의 권리를 약탈하지도 않고 '부똘'은 무의미한 객체에 상당히 많은 공간을 부여하였다. 그러나 그 결과는 이론이 예측하고 있던 것과는 정반대의 것이 되어버렸다. 왜냐하면 '부똘'의 소설의 심리적이며 내적인 전후관계에 있어서 우리들이 무의미하다고 생각한 객체들은 자기들의 의미를 다만 새로운 무게와 새로운 모습을 가지고 부활시켜놓았기 때문이다. 그렇기 때문에 '창작의 영도'와 '반 소설'의 작가들은 그의 덕택으로 그들이 부정하면서도 역시 많은 혜택을 입은 대가들—'조이스'와 '뿌르스트'—과 재봉再逢하게 되었다. (외지에서)

〈조선일보朝鮮日報〉 1958년 9월 20, 22, 23일

시의 효용效用

A. 막레이쉬 · 김수영 역

1.

시 예술에 있어서는 방어적 태세를 유발誘發시키는 그 무엇인가가 있다. 하늘의 우위優位가 도전을 당하지 아니하였던 것과 같이 — 현재는 이 하늘의 우위까지도 도전을 당하고 있지만 — 시의 우위가 도전을 당하지 않았던 고대에 있어서도, 이러한 태세는 언제나 존재하고 있었다. 만약에 여러분이 그 당시에 그 예술에 대한 여러분의 감상을 발표하였다면 여러분은 그러한 감상을 '방어'라는 말로 불렀었을 것이다. 제 과학의 여왕이 '과학'인 오늘 날에 있어서 여러분은 아마 그러한 술어를 사용하지는 않았을 것이지만 여러분이 의미하고 있는 것은 바로 그것이다. 그것은 9호 교실과 13호 교실의 과학적 비밀의 보관자로서 봉사하기 위하여 본격적으로 깨끗하게 정리된 두뇌를 가진 교실 구락부의 긴 책상에 앉아 신사들이 취하고 있는 그러한 은근한 자세는 아니다.

그들은 여전히 신사이며 그렇기 때문에 그들의 영예가 아무리 위대하거나 혹은 그것이 아무리 위대하게 인정을 받게 되더라도 그들은 여전히 겸손하다. 그러나 사람이란 자기의 처지는 알고 있다. 즉 과학의 교사들은 여러 신문이 자랑스럽게 보도할 새로운 승리에 대한 소식을 들을 수 있게 되어있는데, 시의 교사들은 낡은 문제를 질문하지 않으면 아니 될 처지에 있다는 것을 알고 있다.

이를테면 이러한 시대에 있어서 무슨 까닭으로 도대체 시를 가르치느냐 하는 따위의 문제가 이것인데, 이런 문제를 보도하는 사람은 아무도 없을 것이다.

이러한 분위기 안에서 여하한 방어의 자세로 느끼지 않는 사람—시는 다른 시대에 있어서 그러하듯이 오늘 날에 있어서도 당연히 가르치지 않으면 아니 되는 것이라는 완전한 확신을 가지고 있는 사람, 그리고 그 이유까지도 알고 있다고 완전히 믿을 수 있는 사람—을 생각해낼 수 있는 것은 하나의 위안이 아닐 수 없다. 내가 지금 나의 마음속에 간직하고 있는 본보기는 나의 젊은 벗이며 그는 열의 있는 교사로서 최근 미국의 일류대학 예비학교의 교장이 되었고 오늘 날까지 그는 자기의 오랫동안 하여 내려온 교과인정과 자기의 기능을 검토하고 있는 중이다. 그의 관점에 의하면, 시는 "우리들이 유산 중에서 가장 중요한 가치를 가지고 있는 몇 가지의 것을 대대로 우리들에게 날려주는 전달사傳達使인 동시에 인간표현의 가장 필수적인 형태로서" 당연히 가르치지 않으면 아니 될 것이라고 한다. 그가 가장 골치를 앓고 있는 것은 적어도 그가 가르치고 있는 학교에 있어서, 그의 확신에 공명共鳴하고 있는 것같이 생각되는 교사가 극히 드물다는 것이다. 이러한 교사들은 시를 하나의 정화자淨化者로서 — 수학과 과학의 언어와 경쟁할 수 있는 '인간의 언어로서 — 볼 수 있겠끔 자기들을 인도하여줄 "시에 있어서의 지속적이며 사명적인 신념"을 가지고 있지 않다고 그는 생각하고 있다.

그러나 교사들이 그러한 필연적인 신념을 가지고 있지 않다 하더라도 — 나의 젊은 벗이 보고 있듯이 — 그것은 전적으로 그들의 죄가 아니다. 그 죄는 시를 '시 자체' — 내가 생각하기에는 이것은 시를 위한 시를 의미하는 것이라고 본다 — 라고 불리어지고 있는 그 무엇으로 전위轉位시킨 현대비평의 죄이다. '시 자체'라는 것은 시의 의미를 제거하여버린 시가 되고 말 것이며, 시의 의미가 제거된 시는 이류학교 같은 데서 — 적어도 나의 벗의 이류학교 같은 데서 — 가르치기에 불가능하지는 않다 하더라도 곤란한 일이다. 따라서 결과적으로 그러한 이류학교 교사들은 두 가지 폐해 중의 조금은 편이라고 생각되는 방침, 즉 과거의 세대에 있어서 미국인 출신학교에 의하여 시인되어온 역사적이며 일화적逸話的인 방침으로 되돌아가게 되었다. 그들은 시인을 가르치고 시는 가르치고 있지 않다. 그 결과에 있어서 "학생들은 '호오머'에서부터 '막레이쉬'까지의 시인들과 친숙하게 되었는데"(여러분이 이러한 방법으로 측량하여 보더라도 이것은 상당한 거리이다.) "그러면서도 그들은 이와 같은 경험을 필연적으로 시가 제시하지 않으면 아니 될 것이 있다는 확신이 늘어가는 것을 깨닫게 되었다." 나는 이것을 충분히 믿을 수 있다.

현대비평이 이러한 참혹한 효과를 갖게 된 이유는 다시 말하자면 현대비평이 '내용이나 관념의 진술에 대하여 거의 병적인 냉담성'을 조성하게 된 이유는 그의 '미학적 가치에의 편견偏見'이 너무 과도하였기 때문이다. 현대비평은 시는 위선 예술작품이 되어야한다고 주장하고 있다. 그리고 여러분의 시는 위선 예술작품이어야 한다고 주장할 때 — 나의 벗의 의견에 의하면 — 여러분은 시를 "우리들의 유산 중에서 가장 중요한 가치를 가지고 있는 몇 가지의 것을 대대로 우리들에게 날라주는" 전달사로서 가르칠 수 없다. '호오머'와 '셰익스피어'와 성서의 저자에 대하여 중요한 것은 그들이 '위대한 환상을 가진 현실주의자'이었다는 것이며……. '그들의 작품이 인생의 의의에 대한 고귀한 해석을 막대하게 포함하고 있다.'는 것이다. 따라서 만약에 여러분이 예술가로서의 그들에 대한 것을 너무 많이 이야기한다면, 그러한 인생의 의의에 대한 고귀한 해석은 가치가 없게 된다.

여러분도 알게 되겠지만, 지금 내가 하는 이 말을 일찍이 '신비평'이라는 칭호를 받고 있던 고마古馬(지나간 세대의 '아방 가아드' 비평가)의 일축에 지나지 않는 것이라고 생각하여서는 아니 된다. 고마들은 지금 상당히 많이 앞으로 전진 하고 있다. 이것은 '신비평'을 용납하지도 않고, 그러한 것에 대하여 들어보지도 못한 수많은 사람들에

의하여 유지되고 있는 일반적인 사태에 대한 전면적인 공격이다. 이것은 시가 위선 예술작품이어야 한다고 믿고 있는 사람들, 그리고 적어도 시가 읽혀져야 하는 것이라면 예술작품으로서 읽혀지지 않으면 아니 된다고 믿고 싶은 사람들 — 내가 생각하기에는 대부분의 시인들도 이렇게 믿어오고 있는 것이다 — 에 대한 공격이다. 이것은 가장 고귀한 목적을 위하여 가하여지는 사욕 없는 갸륵한 의미의 공격이지만, 하여간 공격에는 틀림없는 것이며 따라서 하나의 효율적인 공격이라고 본다. 이 공격의 내용은 시가 예술작품이어야 한다고 주장하는 시에의 접근이 — 사실은 시가 말하지 않으면 아니 되는 것이 시를 가르치는 주요한 이유인데도 불구하고 — 시가 말하지 않으면 아니 되는 것을 봉쇄하고 있다는 것이다. 다시 말하자면 이 논쟁의 귀착점은 다음과 같은 명제命題가 된다. 즉, 시를 가르치는 데에 있어서 시가 예술이라고 주장하는 것은 과실이다. 어째 그러냐 하면 만약에 여러분이 그렇게 주장한다면, 여러분은 여러분의 학생들에게 시의 의미라든가 시의 관념이라든가 시가 그들에게 인간과 세계와 생명과 죽음에 대하여 이야기하지 않으면 아니 될 것을 전하지 못하게 될 것이니까 말이다. — 실로 시를 가르치는 것이 중요한 것은 이와 같은 일들을 위한 것이 아니겠는가.

말하자면, 나는 이러한 논쟁을 이해할 수 있으며 이러한 논쟁을 만드는 여러 이유를 고려할 줄도 안다. 독점적인 예술적 술어로써 시를 이해하는 너무나 수많은 사람들이 시의 의미를 시의 의미 이상의 것으로 즉, 상징과 은유와 고전과 혹은 기타 제반 참고측의 단순 번역이상의 것으로—승화시키는 모든 의무를 면제하여주는 따위의 국한된 보호적인 진술로서 그들의 정의를 만들고 있다. 실로 우리들의 시대에 있어서 일반적으로 문학과 관계를 가지고 있는 사람들과 특히 현대문학에 관계를 가지고 있는 사람들 중의 너무나 많은 사람들이 문학적 ('프로이드'파를 포함하여) 감각에 있어서의 의미라는 것을 그들의 관심 이외의 것이라고 생각하고 있을 뿐만 아니라 관심이하의 것이라고까지 생각하고 있다—즉, 예술의 세계에 도덕과 종교의 문제를 삽입하는 것은 침입이라고 생각하고 문학작품은 도덕적 진공지대에서 연구되어야 하고 또한 연구될 수 있다고 생각하고 있다.

이러한 교사들의 손에 있는 문학은 19세기시대의 사람들이 인생의 상위에 떠받쳐 올린 저 '무서운 여왕'— '이예츠'는 그가 19세기 사람들보다 크게 성장하였을 때, 이것을 거부하였다—그의 자리를 다시 차지하려는 도상途上에 있다고 볼 수 있다.

그러나 나는 이와 같은 논쟁을 이해할 수는 있지만, 그리고 나는 그 이유를 고려할 수도 있지만, 또한 나는 이것이 진실한 문제와 중요한 문제를 제시하고 있는 것이라고 믿고 있는 것이지만, 그러나 나는 이것을 용납할 수는 없는 것이다. 어째 그러냐 하면 이것은 두 개의 전혀 괴상한 가면위에 머물러있기 때문이거나, 혹은 머물러있다고 나에게 생각되기 때문이다. 첫째의 것은 예술작품에 대한 '관념'은 예술작품 그 자체와는 어디인지 분리된 곳이 있다는 가설이다.—이 가설은 모든 우리들에게 갑의 형태로나 혹은 을의 형태로서 낯익은 것이다. 이와 같은 주관적인 견해의 가장 최근의—그리고 가장 엄청난—실례가 〈뉴욕 타임〉지에 의하여 보도된 어느 거대한 학원에 있는 저명한 대학 학부장의 언설에서부터 오고 있다. 그는 학자들의 회합에서 다음과 같이 논의하였다. 즉 독자가 "'어네스트 헤밍웨이'의 『노인과 바다』에서 끄집어내는 관념은 독자가 약 6만 개의 단어를 흡수한 후에야 오는 것이다. 이것을 하기 위하여서는 적어도 한 시간은 걸린다,—이와 동일한 오성惡性은 노련한 미술가의 회화를 2, 3초 동안 연구한 후에도 올 수 있는 것이다." 과연 사람은 '도요테'의 삽화위에 두어 서너 번 눈을 던짐으로써 '단테'의 지옥에 대한 '관념'을 얻었다고 상상하고 있는 것이다.

2.

그러나 나와 나의 젊은 벗과의 사이를 가장 유일하게 갈라놓은 것은 둘째 번의 가설이다. 어째 그러냐 하면 시를 가르치는데 있어서 관념과 예술작품이 서로 구별되지 않으면, 그 관념—따라서는 시를 가르치는 데에 대한 유효성—이 상실될 것이라고 둘째 번의 가설은 생각하고 있는 듯이 보이기 때문이다. 이 점에 있어서 나의 벗과 나와는 갈라지는 것이다. 사람이 시를 읽는 것은(또는 시를 가르치는 것은) 인생의 의의를 위한 것이라고 말한다면 나는 동의할 용의가 있고, 또 용의 이상의 것도 가지고 있다. 그러나 그와 같은 의의의 교부자交附者로서의 시와 예술작품으로서의 시와의 사이에 구별이 있어야 한다는 것은 그 이유가 나변那邊에 있는지 나는 도무지 알 길이 없다. 요컨대 나의 벗의 논의 가운데에 일관되어 있는 예술과 지식과의 구별은 나에게는 전혀 근거가 없는 것 같이 생각된다. 그러한 구별이 우리의 시대에 있어서 거의 보편적으로 인정되고 있는 구별이라는 것을 나는 너무나 잘 알고 있다. 과학이 그러한 구별을 만들고 있는 것이다. 시가 그러한 구별을 만들고 있는 것이다. 그리고 세상이 이 두 가지와 일치하고 있는 것이다. "어떠한 것을 막론하고 알리어질 수 있는 것이라고 모두가 과학의 수단에 의하여 알리어질 수 있는 것이다"라고 '버트랜드 러셀'은 말하고 있다. 시의 교수들은 시는 아무 것도 전달하여야 할 '메시지'를 가지고 있지 않다고 말하고 있다. 그리고 아무도 이상의 두 가지 의견에 이의를 제창하는 사람은 없다. 지식을 알리고 지식을 전달하는 과학의 독점적인 소유권은 우리들의 문명에 있어서 일반적으로 승인되어 있을 뿐만이 아니다. 즉, 그것은 실로 진정한 감각에 있어서 우리들의 문명인 것이다라는 것은 우리들의 문명의 특징—이 특징은 이 특징을 추진시킨 문명과는 다른 것이다—은 과학에 의한 지식이 그에게 부여한 특징이다. 즉 추상이다.

그러나 그러한 동의가 전반적인 것이라 할지라도 나는 그 비율을 용납할 수는 없다. 과학을 위한 변호자는 과학만이 유독 사물을 인지認知하는 권리를 가지고 있다고 주장하는 것이 틀렸고, 시를 위한 변호자는 과학만이 유독 사물을 인지認知하는 권리를 가지고 있다고 용인하는 것이 틀린 일이라고 나는 말하고 싶다. 시도 또한 지식이 될 수 있다고 나는 주장한다. 실로 시는 과학의 주지 못하는 종류의 지식을 줄 수 있다. 즉 시로서의 지식이 가능하다는 말이다. 따라서 내가 주장하는 것은 시로서의 시를 가르치는 것이다. 예술작품으로서의 시를 가르치는 것이 지식으로서의 시를 가르치는 것과 양립할 수 있을 뿐만 아니라, 실로 지식으로서의 시를 가르칠 수 있는 유일무이한 길이라는 것이다.

과학이 우리들을 위하여 준비하여 놓은 추상의 세계 속에서, 그리고 그러한 세계가 만드는 학교 같은 곳에서—이러한 학교에서 가르치는 거의 전부의 것이 추상에 대한 것이다—우리들은 성장하여 있기 때문에, 대부분의 우리들에게 있어서는 지식으로의 시의 개념이라든가, 지식으로서의 예술의 개념 같은 것은 하나의 몽상적夢想的인 개념에 지나지 않는다. 우리들은 추상에 의한 지식은 이해하고 있다.

과학은 임금林檎에서부터 임금에 대한 과념過念을 추상할 수 있다. 과학은 이와 같은 관념들을 임금에 대한 지식으로

조직할 수 있다. 그 다음 과학은 이러한 방법으로서 그 지식을 우리들의 두뇌 안에 소개할 수 있다—아마 우리들의 두뇌라는 것이 추상적이기 때문인지도 모른다. 그러나 시는 추상을 하지 않는 것이라는 것을 우리들은 안다. 시는 나타내는 것이다. 시는 사물事物을 사물 그대로 나타내는 것이다. 그리고 사물을 사물이 있는 그대로의 모습으로서 안다는 것이—임금을 임금으로서 안다는 것이—가능한 일이라는 것을 우리들은 이해하지 않는다.

시대의 진짜 어린이들은 이러한 일은 결코 될 수 없는 일이라고 장담한다. 추상이 진짜 어린이에게 여러분은 임금으로서의 임금을 알릴 수는 없다. 여러분은 나무를 나무로서 알릴 수는 없다. 여러분은 인간을 인간으로서 알릴 수는 없다. 여러분이 알릴 수 있는 모든 것은 분석적 지력知力에 의하여 추상으로 분해分解된 세계이다.—추상적 지력에 의하여 사물 자체에로 구성된 세계가 아니다. 따라서 결과적으로는 추상의 세대가 계속되는 동안, 시로 예술로 지식에의 매개물이 될 수는 없게 된다. 영감靈感으로 그렇다. 시는 틀림없이 인도할 수 있는 것이다.—

그것이 어떠한 종류의 영감이던 간에 계시로, 아마 그럴지도 모른다. 시에는 확실히 계시의 계기가 있을 수 있는 것이다. 그러나 지식으로, 그렇지 않다. 우리들이 볼 수 있는 시와 지식과의 사이의 유일한 연결을 거기에 사용된 추상의 부담이다.—격언과 속담—시는 특히 일부의 시는 이것을 옮기기를 좋아하고 있는 듯이 보인다—이와 같은 격언의 대부분을 우리들은 이전부터 알고 있었던 것이고, 그 중의 일부분은 오늘에 와서는 진실하지조차 못하다.

그러나 만약에 이와 같은 사물에 대하여 조금이라도 생각하고 있는 모든 우리들이 알았다고 하는 '예술에 대한 경험적 시에 대한 경험'—이라고 하는 것은 도대체 무엇인가? '세잔느'의 그림에 나오는 접시위의 사과나 세 개의 소나무를 보고 우리들이 느끼는 실감의 경험은 무엇인가? '드빗시'의 〈구름〉을 듣고 우리들이 느끼는 실감의 경험은 무엇인가? '코트란지'의 타조駝鳥가 앉아서 다음과 같이 노래할 때 우리들이 느끼는 실감의 경험은 무엇인가?

"이끼가 난 능금나무의 벌거벗은
가지 위에 놓인
눈 다발 사이에서는,
어느 새 햇빛에 눈이 녹아
가까운 초가지붕 우에서는 김이
오른다……."
또는 그가 처마 밑에 숨어서 남몰래 귀를 기울일 때
"꿈결 같은 피리소리 속에서만 들을 수 있는 것,
혹은 서리가 남몰래 그것들을
말 없는 고드름 속에 걸어놓는다면,
고요한 달에게까지 고요히 빛을 뿜고 있으리라."

그리고 만약에 이와 같은 모든 것이 이상과 같다면, 시에 대한 현대적 정의의 가장 유력한 것의 하나('로우스. 드. 퀘링'에게 보낸 서간 속에 적힌 그의 정의)가 그 예술을 '제 사물에 대한, 그리고 제 사물과 우리들과의 관계에 대한 놀라운 만큼 충실하고, 새로웁고, 친밀한 감을 우리들의 내부에 환기시킬만한 사물과의 특수한 교섭력이라고 한 것은 무슨 까닭인가?

그에 대한 해답은 물론 추상의 어린이들이 옳지 않다는 것이다. 그리고 우리의 시대 전체가 그들의 과오에 의하여 가난하게 되듯이 그들은 그들의 과오로 인하여 가난하게 된 것이다. 그들은 두 가지 항목에 있어서 모두 다 옳지 않다. 그들이 추상을 통하여 세계를 알 수 있다고 생각할 때에 그들은 과오를 범하고 있다. 추상을 통하여서 할 수 있는 것은 추상 그 자체뿐이며, 그 이외에는 아무 것도 알 수 있는 것은 없다. 또한 그들이 세계로서의 세계를 알 수 없다고 생각할 때 그들은 과오를 범하고 있다. 예술의 전全 업적은 그 반대에 대한 시위이다. 따라서 그들이 두 가지 항목에 있어서 옳지 않다는 이유는 바로 '마슈우. 아놀드'에 의하여, 전혀 무의식중에 즉 그들의 과오는 그들이 모든 진정한 지식이 관계에 관한 것이라는 것을 인식하지 못하고 있기 때문에 생기는 것이다. 우리들이 '사물에 대한 놀라울 만큼 충실하고, 새로웁고, 친밀한 감'에 그리고 무엇보다도 '사물과 우리와의 관계'에 대하여서 — 충만되어 있을 때에 한해서만 우리들은 하나의 사물을 진정으로 한다는 사실을 그들이 인식하지 못하고 있기 때문에 그들은 옳지 않은 것이다. 이와 같은 감을 — 지식이라는 말의 가장 진정한 의미에 있어서의 이와 같은 지식을 — 예술은 수여할 수 있지만 추상은 수여하지 못한다.

세상에 널린 수많은 성공적인 예술작품이 모두가 다 그에 대한 증거가 될 수 있다. 명확한 현상인, 바람을 들어보라. 그 바람을 '알기' 위하여 추상의 낯익은 방법으로서, 이러한 시도를 하여보라. 그것과 나란히 '조지. 메데리즈'의 다음과 같은 낯익은 두 줄을 놓아보아라.

"휘몰아치는 바람이 창던지기를 하듯이
넓게 트인 파도 위에 그의 골격의
그림자를 쏘는 것을 주시 하여라?"

이 두 가지 사이에 어떠한 본질적인 차이가 있을 것인가? 첫째 번의 진술 즉 분석적인 진술은 관찰자의 관여가 허락되지 않는 전혀 객관적인(모든 장소에서 그리고 어느 때이고 진정한) 진술이 되게 마련이거나 혹은 그렇게 되려고 시도하고 있지만, 둘째 번의 것에 있어서는 관찰자 — 관찰자로서의 인간 자신 — 가 포함되어 있을 것이 아니겠는가?

안다고 하는, 그 말이 두 가지의 각각 틀리는 의미로 사용되어야할 것이지만, 그 차이가 있는 것이 사실이기 때문에, 그 승리는 단순히 용어상의 것이 되고 말 것이라는 것을 논증함으로써 존재에서부터 오는 시에 의한 지식과 추상에 의한 지식과의 사이의 이 차이를 의미론적으로 규정하는 것은 전혀 가능한 일이라고 나는 생각한다. 그것은 실로 모든 차이 중에서 진정한 차이일 것이다라는 것은 그것이 접촉하는 것이 바로 우리가 현실에 도달하는데 사용하게 되는 수단이기 때문이다. 우리들은 어떠한 방법으로 외적 세계나 혹은 변이變移하고 유동流動하는 불안정한 내적 세계에 있는 현재의 지식을 발견하여야 할 것인가? 이것이 모두가 추상의 기술이 하여야 할—즉 있는 그대로나 혹은 있을 수 있는 그대로로서의 과학이 하여야 할—일인가? 우리들의 경험에 있어서 진실 된 것을—따라서는 상상적으로 우리들의 내부에 있는 진실 된 것을—발견하기 위한 일은 유독 추상을 통하여야만 되는 것인가? 그렇지 않으면 또 하나의 다른 아는 방법이 우리들에게 필요한가—저밖에 있는 저 세계와 이 안에 있는 이 세계를 그 이외의 다른 것으로—분량과 중량重量의 추상으로—번역하지 않고 우리들 자신과 그러한 세계의 모든 사물들과를 그 사물들의 있는 그대로의 모습으로 서로 적나라하게 직면할 수 있게 하는 인지의 방법—즉 인식의 충동 속에서 사람과 나무가 서로 직면하고, 사람과 사람이 서로 직면하게 되는 인지의 방법이 우리들에게 필요한가?

이 문제는 우리들이 반드시 하지 않으면 아니 되는

문제는 아니라고 나는 여러분에게 알려주고 싶다.
거기에는 의무는 없다. 사람은 그의 비위가 맞기만 하면 일평생을 두고 추상 위에서 '살 수'있는 것이다. 따라서 우리들 가운데의 많은 사람들이—과학자뿐만 아니라, 이 시대에 살고 있는 그 이외의 대다수의 사람들이 총계표總計表와 성명과 상업거래의 거미줄 같은 일日 매일의 생활을, 두 대의 통근차의 괄호에 의하여 통합하고, 세 자루의 격투용 '말티니' 총을 언제나 준비하고 있다. 그 문제는 반드시 우리들이 하지 않으면 아니 되는 문제는 아닌 것이다. 문제는 우리가 행할 수 있는 선택권을 가지고 있다는 것이다—이상의 두 가지 중의 어느 한 가지를 선택하느냐 하는 것은 우리들에게 달려 있다. 따라서 시의 교사에게 제시되어야 할 문제의 초점이 바로 여기에 있다. 전문대학은 의무를 부과하기 위하여 존재하고 있는 것이 아니라 선택을 계시하기 위하여 존재하고 있는 것이다.

《시詩와 비평批評》 제2집輯 1956년 7월호

* 교주校註 본문은 '애트런틱'지 3월호에 게재된 것이며, 필자 '막레이쉬'는 1932년과 1953년에 '퓨리처' 시문학 상을 탄 미국 시인. 현재 '하아버드' 대학에서 영국의 수사학을 교수하고 있다—역자

작가들과 생활환경
—'아메리카' 문단의 경우

김수영 역

세계에서 가장 돈이 많은 나라 '엉클 셥'에 있어서의 작가생활은 어떠한가. 한시 대전의 저명한 작가 '오 헨리'나 'E. 알란 포'는 그들이 수많은 천재적 작품을 낳았음에도 불구하고 죽을 때까지 그들의 경제생활은 비참하기 짝이 없는 것이었다. 그들을 경제적으로 키운 것은 출판업자가 아니고 사실은 전당포 주인들이었다고 하는 것이다. 그러나 그 반면에는 '제임스 힐튼'이나 '셰인 그레이'같이 문학을 업으로 함으로써 '타입 라이터' 밑에 '금 쟁반을 받치도록' 부자가 된 작가들도 있었다는 것이다.

'알랙시스. 드. 토케빌'은 『미국의 민주주의』라는 그의 평론집(1835년-1840년)에서 미국 작가의 생활 상태를 논평하여 이렇게 말하였다.

"민주주의시대에 있어서는 민중들은 작가들을 마치 옛날의 왕후王侯가 시종侍從을 취급하듯이 대우하는 것입니다. 민중들은 작가들에게 돈을 벌어서 부자를 만들어놓고서는 그 다음에는 돈을 번 작가들을 경멸하는 것이라……."

그러나 '토케빌'의 이러한 관점은 오늘에 와서는 많이

달라졌다. 오늘 날 미국에 있어서는 작가가 돈을 많이 벌었다고 경멸하는 경향은 전혀 없다고 하여도 과언이 아니다. 단지 돈을 버는 자가 드물다는 점만은 지금이나 옛날이나 다름이 없다.

작가들의 대부분은 돈을 벌어가지고 커다란 회색 양관을 사고 중류계급의 생활을 하고 있다.

출세 작가가 되지 못한 사람들은 그러하지는 못하니 '제임스. 폰스'(『영원은 지금부터』의 작가)는 여전히 경마를 업으로 하면서 생계를 세우고 있고, '프랑크 야-비'(『할로우의 여우들』의 작가)는 '리비에타'와 '롱 아일랜드' 간의 정기 승차권을 내어가지고 다니며 장사를 하고 있다. 'E. 스탄레이. 가드너'와 같이 소설 공장을 경영하고 있는 작가의 생활은 상당히 유족하며 그의 생활수준은 보통 미국의 다른 공장 경영자와 비등한 것이라고 하나 이것은 예외이다.

그 이외의 작가들은 '제임스. T. 피아렛'의 말과 같이 "더러웁고 추잡하고 비천한" 것이며 이것이 일반 미국작가들의 경제생활 수준을 상징하는 말이라고도 할 수 있을 것이다.

소설가 '케네츠. 드바아즈'는 자기의 생활을 평하여 "뼈만 남은 생활이올시다……. 거기에다 추악한 냄새까지 나서 죽을 지경이요."

하고 있다.

또한 'J. P. 마아드'는 "작가가 돈을 모은다는 것은 거의 불가능한 일이요."라고 말하고 있다.

비평가 '말콤. 카우래이'는 그의 저서 『문학의 환경』 속에서 다음과 같이 말하고 있다.

"교과서나 아동물이나 탐정소설 같은 것에 손을 대는 작가라면 모르지만 그렇지 않은 작가로서 자기의 노작勞作만 가지고 생활을 유지하여 나갈 수 있는 사람이 미국 안에서 2백 명이 있을지 나는 의심스럽다."

1950년도의 국제조사의 결과를 보면 미국의 저술가 총수는 1만 6천 184명(그중 여자가 6천 2백 35명)이며 그들의 평균 수입은 연당 3천불이라 한다.(미국에서는 '엘리베이터' 운전수의 연수입이 3만 5백불, 공장 노동자의 연수입이 3천 7백 불이다.)

지금부터 5년 전에 『금으로 쌀을 만든 사나이』라는 소설을 쓰고 일약 유명하게 된 '넬손 알그랜'은 금년에 마흔 다섯 살이며 현재 시카고 교외에서 다음 작품을 쓰고 있는 중이라 하는데 그는 출판업자에게서 매주 100불씩을 전대前貸를 받아 가지고 생활을 하여가고 있으며 그래도 모자라는 것은 '포커'를 하여 가지고 돈을 따서 벌충을 하고 있는 형편이라고 한다.

"매달 4백불 가운데에서 40불은 우선 대리인에게 내어주고 100불은 어머니에게 송금하고 그리고 그 나머지 260불로 나의 아내와 고양이 한 마리와 자동차 한 대를 키우고 있다."

고 그는 자기의 생활고백을 한다.

"그렇지만 이 출판업자의 전대금이 마음대로 나오지 않는 수가 있으니 이러한 때는 '포커'를 하여서 돈을 벌수밖에 다른 도리가 없지! '포커'는 1주일에 두 번 씩 하는데 이것이 1년이면 천불가량 수입이 있거든……."

1950년에 비하여 현재 미국 내에서 출판되는 소설은 숫적으로는 약 2백종 되지만 그 중에서 이利가 남는 것은 반도 되지 못하는 형편이다. 금년 12월 한 달 동안에 미국에서 출판된 소설(단행본은 1천 3백 권이다.) 적어도 수지가 미치려면 한 책이 5천부 이상은 팔려야만 한다는 것인데 이것이 그리 쉬운 일이 아니다.

금년도 '베스트 셀러'가 된 '몰톤. 솜투손'의 『낯 서른 사람이 아니련만』은 17만 5천 부 이상이 팔렸다.

1944년에 '리리안 스미스'의 『이상한 과실』은 45만부가 팔렸으며 1914년에는 '해롤드 앤 라이트'의 『세계의 눈동자』가 무일 동안에 75만부가 팔렸다.

금년도에 5만부를 판 소설이 미국 내에서 전부 25개 밖에 되지 않는다. 결국 2년이나 3년 동안을 걸려서 애를 쓰고 일을 하여가지고 그 보수를 받은 사람이 25명밖에 되지 않는다는 말이나 마찬가지이며 이리하여 번 그들의 수입은 2만 5천불 밖에는 되지 않는 것이다.(한 권에 50전씩 수입되는 것으로 백 계산하여)

출판비용이 순환이 악화하여 샵에 따라서 저자들이 받는 인세印稅도 형편없이 떨어진다. 2, 30년 전만 하드라도 저자들은 2할의 인세를 받았던 것이 현재 보통

1할 2부밖에는 되지 않는다. 그러니 작가들은 출판업자에게서 나오는 것만 바라고 있을 수가 없고 자연 그들은 각 신문사와 서적 구락부, 그리고 심지어는 성림聖林의 영화계나 TV 라디오 방송국 '브로드웨이'에까지 먹을 것을 찾아서 손을 뻗치지 않을 수밖에 없게 되는 것이다.

〈평화신문平和新聞〉 1955년 1월 11일

제3장

단편소설 번역

밀월密月

베티. A. 브런트* 작 · 김수영 역

처음에는 두 자매는 그 소식을 놀림거리로밖에는 생각하고 있지 않았다. 다른 생각이 들게 된 것은 그 훗적 이었는데 그 생각은 엄밀한 의미에서 수치는 아니었지만 역시 위장이 쓰리고 뜨거워지는 느낌의 하나로서 그것은 수치에 가까운 것이었다. 그들의 할머니가 결혼을 했다니 거기에 도대체 무슨 뜻이 있는가?

결혼을 했다! 그들의 할머니가! 다름 아닌 그들의 바로 아버지의 바로 어머니 되는 사람이! 여지껏 그렇게 오랫동안을 커다란 저택邸宅속에서 이층은 남에게 세를 주고, 방학이 되면 찾아가는 손녀들과 같이 무엇 하나 부족한 것 없이 안락하게—남 보기는 그렇게 생각이 되었다—과부생활을 하고 있던 끝에 결국…….

"그러면 그 가방은 어떻게 되지?"

* 작자 소개
베티. A. 브런트 여사는 미국의 신진 여류소설가로서 '네브라스카'주 출신으로 '린존' 지방에서 처녀시절을 지냈고, 현재는 '로스 앤젤리스' 시립전문학교의 극예술과장인 '베티 브란트' 씨와 결혼을 하고 있다는 것 이외에 자세한 내력은 미상이다.

하고 언니가 있는 편으로 나무라는 눈초리를 돌리면서 물어보는 '미리'는 자꾸 장난을 하고 싶어서 달아나려고 드는 고양이—'비네가'—를 잡아들이려고 손을 내저었다. "언니는 할머니가 적어도 그 가방에 대해서 생각하고 있었다고 믿고 있지!"

'루시'는 대답 대신에 어깨만을 움찟하고 오그리고는 저고리를 흔들어보이었다. '루시'는 열다섯 살밖에는 아니 되었지만 곧잘 어깨를 오그리는 버릇이 있었다. '미리'에게는 이것은 머리를 흔드는 것이나 마찬가지의 일종의 부정적인 몸짓이라고 생각되었지만, 그것은 결코 보기 싫은 감을 주지는 않았다. 그것은 보는 사람까지도 그와 같이 느끼도록 하고야마는 그런 몸짓이었다.

'미리'는 '비네가'를 놓아주고는 저고리의 주름을 펴 내렸다. '루시'가 어깨를 오그리는 것은—퍽이나 앙증스러운 표정이었지만, 그러나 두 살밖에 더 먹지 않은 그녀로서 그것이 모든 것을 다 알고 있다는 것을 의미하는 것으로는 보이지 않았다. 그들의 할머니는 그 가방을 어떻게 할 작정이었던가?

그 가방은 옆의 동리에 있는 할머니의 집의 지붕 밑 방에 있었고 그 가방 안에는 할아버지가 남기고 간 돌아간 물건이 전부 들어있었다. 사실 상 두 자매에 대해서는 그 가방은 다름 아닌 할아버지의 자신을 담고 있는 것이었다. 그들은 수많은 어린 시절의 여름철을 두고 그 가방에서부터 성스러운 할아버지의 환상을 불러내고 있었다. 또한 그들은 낡은 군대 각반과 불란서에서 온 우미인초虞美人草와 퇴색한 미국 국기와 그들의 어둠침침한 상상의 비극에 대한 호기심으로부터 조금씩 조금씩 그를 만들어왔다고 느끼고 있었기 때문에—그러한 할아버지는 실제의 인물보다도 한층 더 참된 것이 되었다. 그는 꿈을 깨우쳐 주는 무거운 힘을 가지고 있었다. 다시 말하자면(애인은 아니었지만) 애인만이 가질 수 있는 줄기찬 생기를 가지고 있었다.

"더군다나 하고 많은 사람들 중에서 하필 왜 '잰킨스' 박사하고 결혼을 한담!"

하고 '미리'는 '브라우스'에 팔꿈치를 들이밀고는 머리위로부터 끌어내리면서 말하였다.

"아무튼 그들은 아나 우리 집에는 몇 시간도 있지 않고 가 버릴걸!"

그녀는 열린 창가에 꼼짝하지 않고 늘어져 있는 하얀 '커튼'을 바라다보았다. '커튼'은 방안에 있는 다른 모든 물건들과 같이 새로 세탁하여 놓았고 그것은 할머니와 '젠킨스' 박사가 도착하면 사용하게 되어있었기 때문이었다.

'미리'는 '커튼' 속으로 '베란다'를 내어다 볼 수 있었고 그 '베란다'의 한쪽에서 그녀와 '루시'는 그날 밤을 자게 되어있었다. 방바닥 위에서는 '비네가'가 가쁜 숨을 쉬고 있었다. 마당에서는 둥근 잔디밭의 철수기撒水器 소리가 끊임없이 되풀이되고 있었다.

"밀월蜜月치고는 답답한 날씨로군."

하고 '루시'는 말하였다.

'미리'는 킥킥하고 웃다가는 멈추어버렸다. 쓰라리고 뜨거운 감각이 위장 속에서 또 한 번 부풀어 올랐다. 그녀는 '캠프'에서 본 의서醫書의 색채까지 칠해서 여실하게 그려놓은 그림을 생각해보았다. '밀월'하고 그녀는 속삭이면서 언니의 곁에서부터 몸을 빼었다. 그녀는 '루시'가 자기처럼 기나긴 그날 밤에 조그마한 망설이기 쉬운 정보를 가지고 서로 넘겨 짚어가면서 이야기하던 일을 기억하고 있는지 궁금하였다. 여자의 난세포卵細胞라던가 그것이 어떻게 수태受胎한다던가 하는 소녀 적인 이야기가 아닌 진정한 정보에 대해서는 누구 하나 말해주는 사람이 없었다.—현대적인 어머니까지라도 그러한 이야기는 하지 않았다—걸핏하면 그러한 어머니들은

"지금 시대는 우리들이 자라나던 시대하고는 확실히 틀려요. 나는 우리 딸한테는 모든 것을 말하고 있어요."

하고 수없이 말하고 있기는 하지만.

'미리'는 생긋하고 웃음을 짓고는 치마를 집으려고 손을 내밀었다. '루시'는 옷을 다 입고는 벌써 경대 앞에 앉아서 머리에 손질을 하고 있었다.

"할머니는 예순 살 일거야!"

하고 '미리'는 말하였다.

"쉰 여덟야."

하면서 '루시'는 입에다 '클립'을 물었다. 그녀는 '클립'을 빼서는 조랑말 꼬리 같은 머리 단에다 다시 갖다 꽂았다.

"나는 나이들을 다 알고 있다나. '젠킨스' 박사는 예순 둘야."

'미리'는 치마 속에 발을 집어놓고는 다시 한 번 킥킥하고 웃음이 터져 나오는 것을 느꼈다. '예순 둘!'하고 말하면서 그녀는 치마가 구기거나 말거나 아무렇게나 털썩하고 침대 위에 몸을 던졌다.

'젠킨스' 박사는 철학박사이었고, '미리'는 늘 그를 알고 있었으며 할머니의 거리에 있는 전문학교에서 두어 서너 번 그의 강의를 들어본 일도 있었지만 무슨 제목의 강의를 하였는지는 생각나지 않았다. 그녀는 그의 손가락 끝이 조끼 위에 걸린 시계 줄 위를—높은 줄을 타고 있는 여러 개의 발을 가진 곡예사 모양으로—앞으로 걸어갔다가 뒤로 물러섰다가 출렁 출렁 흔들렸다가 다른 편세로 자신만만하게 뛰어 넘어섰다가 하는 모양에 여간 마음이 쏠리지 않았었다. 그녀는 '젠킨스' 박사라는 사람은 손가락 끝이 시계 줄 위에서 재주를 피우지 않으면 말을 하지 못하는 사람이라는 생각에 사로잡히게 되었다. 그는 '미리'가 시계 줄을 차고 있는 사람으로서 알고 있는 유일무이한 사람이었고 또한 그러고 보면 그녀가 조끼를 입고 있는 사람으로서 알고 있는 유일무이한 사람이기도 하였다. 이 두 가지 일을 빼어놓고는 그는 제법 정상적인 사람으로 보인다고 그녀는 상상하였다—잔물결이 이는 곱실곱실한 회색빛 머리털과 침착하지 못한 소녀를 의젓하게 노려볼 수 있는 약간 막연한 빛을 띈 눈초리다. 그런데 지금 이러한 인물이 자기들의 할머니의 신랑이 되었다니 이것이 어디 믿을 수 있는 일일까!

"언니는 그 사람을 할아버지라고 부를 테야?"

하고 묻는 '미리'의 말에 '루시'는 짖궂은 코 바람으로 대꾸하면서 머리 솔과 '클립'들을 화장대 위에다 마구 잘칵거리면서 팽개쳤다. '루시'는 언제나 퍽 아름다웁게 성을 낼 줄 알았다. '미리'는 성이 나면 야단이 일어났고 그녀는 언제나 고함을 치지 않고서는 끝을 내지 않았다. 그러나 '루시'는 그 점에 있어서 훌륭하였다.

'미리'는 지금 침대위에 앉아서 언니가 하는 것을 보고 있었다 — 너풀거리는 검은 머리카락과 함부로 펄렁대는 둥근 치맛자락.

"내가 그따위 자식을 할아버지라고 부를 리가 없지 않니! 누구든지 그 자식을 무어라고 불러보았단 봐라. 당장에 집을 나가 버리고 말테니! 늙은 색골. 뻔뻔스러운 바보 같은 색골 영감 같으니!"

침대위에 앉아서 두 발을 허우적거리고 있던 '미리'는 벌떡 일어서서 언니를 물끄러미 바라다보고만 있었다.

'루시'는 성이 나있는 것이 아니었기 때문에 그녀는 그냥 고함만 치고 있었다. '루시'가 고함을 치는 것은 사실은 진짜가 아니었지만, 그래도 그녀는 연상 고함을 치고 있었다.

이와 같은 그들의 역할의 급작스러운 반전反轉은 이 새로운 소식을 들은 후에 생긴 어떤 일보다도 '미리'의 가슴을 아프게 하였다.

"나는 그 두 사람이 다 싫어."

하고 그녀는 마루 위에 놓인 신발짝들을 걷어찼다.

"도대체 어찌된 심판야?"

그녀는 눈물이 솟아나오기를 기다렸지만 눈물이 나오지 않는 것을 알자 다시 한 번 신발짝을 걷어차서 한 짝은 방안을 보기 좋게 날아서 저쪽에 가서 떨어졌다. '미네가'는 노한 소리로 웅얼거리면서 침대 밑으로 뛰어 달아났다.

"애." 하면서 '루시'는 손을 내밀어서 '미리'의 어깨를 쓰다듬어주기 시작하였다.

"애, 이 철부지야. 애!" 결국 고함을 친 것은 '루시'이었기 때문에 달래주기로 말하자면 사실은 자기가 달래주어야 할 것이 아닌가 하는 생각이 이 '미리'의 머리에 떠올랐지만 워낙 모든 일이 뒤죽박죽이 되고 보니 누가 누구를 달래던 그것이 무슨 대수로운 일이라 하는 생각도 들었다.

두 소녀는 아무 말 없이 잠자코 옷을 다 입었다. 이것이 막상 이 할머니가 아닌 다른 사람만 되더라도 이렇게까지 화도 나지 않을 것이다. 막상 붉은 구두를 신고 때로는 야한 머리모양을 내는 다른 할머니만 되었더라도 사정은 좀 틀렸을 것이다 라고 '미리'는 생각하였다. 그런데 그것이 바로 이 할머니이다. 그렇다. 그녀의 머리털은 하얗고 그것은 또 한 번도 '컷'을 해본 일조차 없었다.

한창 머리털을 제멋대로 짧게 쓸고 앞 머리털을 가지고 수시로 장난을 하는 '미리'에게는 그 사실은 커다란 감동거리가 아닐 수 없었다. 또한 이 할머니는 붉은 구두를 신어보려는 생각을 가져본 일이 없었다. 또한 이 할머니는 붉은 구두를 신어보려는 생각을 가져본 일이 없었다. 여름에는 회색과 분홍색 신을 신고 겨울철에는 회색과 자색 신을 신었다. 유행을 쫓아서 귀여웁고 예쁘게 보이려고 하는 것이 아니라 언제나 자연스러운 멋 속에서 귀여움과 아름다움을 풍기는 맵시, '미리'는 이 차이를 발견하고 감탄하였던 것이다. 그러나 무엇보다도 이 할머니는 평정平靜을 가리고 있는 것 같이 생각되었다. 다시 말하자면 그녀는 어느 매력의 원주圓周를 가지고 그 안에서 움직이고 있었으며, 이 원주는 조용한 못가를 둘러싸고 있는 조각돌과 같이 독립 자족적自足的인 공간을 만들고 있었다. 그리고 손녀들은 감히 원하기만 하면 특별한 시간에 이 원주 속에 발을 들여놓을 수도 있었는데, 그것은 거기에 들어가는 길을 이리저리로 재어보면서 이미 돌아가기 시작한 줄 옆에서 그 속으로 뛰어 들어가기 위한 알맞은 시간을 기다리고 있듯이 원주 밖에서 오랫동안을 기다리고 난 후에야 비로소 이루어졌다. 이와 같이 원주 속에 들어가는 것을 어렵게 하는 것은 할머니는 아니었다. 그녀야 누가 언저리에 서있을 때도 통 눈치를 채지 못하고 있는 것처럼 보이었다. 그러나 일단 그 안으로 들어가 보았을 때 '미리'는 항상 할머니가 자기가 들어오기를 오랫동안을 두고 기다리고 있었던 것이라고 느끼게 되었다.

'미리'는 아주 나이가 어렸을 시절에는 이 원주에 대해서 아무 것도 생각한 일이 없었다. 다만 그녀는 원주 안에 들어가 있기를 좋아하기는 하였지만. 조금 더 커진 후에야 그녀는 이 원주를 가방과 연결시켜 보았다. 이것은 '그'가 그녀와 산보를 하는 공간이었고, 그녀의 주의가 언저리에 서있는 손녀에까지 미치지 못하는 이유는 그녀의 관심이 '그'에게

만 있었기 때문이었다. 그러나 일단 그 안으로 들어가게 되면 모든 것이 사랑을 받게 되었다라는 것은 원주의 내부는 아주 특별한 애정의 공간이었기 때문이다. 그렇지만 이 공간을 특별히 보존되어야할 것이다.

'미리'는 허리를 굽히고 침대위의 깔보의 주름을 펴기 시작하였다. 그녀는 아무도 그 안에는 들여보내서는 아니 되었다. '젠킨스' 박사일지라도 아니 되었다. '미리'는 깔보를 잡아당겼다.

'그들이 온다'하는 '루시'의 말에 '미리'는 깜짝 놀라서 펄쩍 뛰어올랐다.

"오라, 바로 그들이야."

하고 '루시'는 말하였다.

'미리'는 현관을 건너가는 어머니의 신발의 짤깍거리는 소리를 들을 수 있었고, 또한

"어서 오세요! 아, 어서 들어오세요!"

하는 아버지의 희한하게 반가워하는 소리를 들을 수 있었다. 그것은 그가 편지를 받아보고

"잘 되었어. 어머니는 아직도 젊으시거든. 그렇지 여보."

하고 말하던 때에 쓰던 그것과 똑같은 음성이었다.

젊어! '미리'는 다시 한 번 킥킥하고 속웃음이 터져 나오는 것을 느끼었다. 세상 사람이 전부 미쳐가지고 있었던가보다?

"우리들은 나가보는 게 좋을 거야."

하고 말하는 '루시'의 어조는 엄격하였다.

"그렇지 않으면 그들이 우리들을 부르러 올 것이니까."

"할머니는 분홍색 신을 신었어?"

하고 '미리'는 물어보았다.

"그야 뻔하지 않니?"

저녁 식사가 끝이 난 뒤까지는 그리 어려운 고비도 없이 무난히 경과되었다. 수많은 이야기 소리와 웃음소리가 터져 나왔고 많은 선물의 증여贈與가 있었다. '미리'의 귀에는 그들은 노상 웃고만 있는 것 같이 생각되었고, 그 중에도 특히 어머니는 더 한층 그러한 것 같이 생각되었다. '미리'는 확실히 그러한 일들과 단절斷絶되어 서 있는 자기 자신을 느끼었고 이 때문에 그녀는 전보다도 한층 더 명석하게 그들을 바라볼 수 있는 것 같이 생각되었다.—어째서 그런지 그 이유는 그녀도 몰랐지만. 그런데 지금 그녀의 어머니를 보지—그녀의 어머니의 짧은 앞머리는 오후 동안은 내내 이마위에 낚시 바늘같이 꾸부러진 모양으로 찰싹 붙어 있었고, 그것들은 촉촉하게 젖어있었기 때문에 정말 까만 색깔을 하고 있었다. '미리'는 그런 모양의 어머니의 앞머리를 일찍이 본 기억이 없었다. 그런데 지금 저녁의 현관 안에 나온 것을 보니 그 앞머리 털은 다시 부풀어 올라서 여전히 다갈색을 하고 있었던 것이다.

6월이라 밤벌레들이 모여들었기 때문에 모두들 어둠침침한 황혼 속에서 불을 켜지 않고 앉아 있었고, 그 속에서 그녀의 부모들의 담뱃불과 '젠킨스' 박사의 물 뿌리의 발작적인 붉은 반점斑點만이 반짝이고 있었다. 이내 개똥벌레가 올 것이라고 '미리'는 생각하였다.

그리고 오늘 오후에 '미리'가 처음 발견한 것으로는 그녀의 어머니의 앞머리 이외에 또 한 가지, 어머니의 앞머리 목 뒤의 토실토실한 교태嬌態이었다. 물론 '미리'는 만약에 그녀의 아버지가 거기에 입을 맞추는 것—어머니가 두 손에 가득 얼음 쟁반을 들고 있는 틈을 타서 아버지가 목 뒤의 오목한 곳에다 '쪽' 하고 입을 맞추고 있었던 것—을 보지 않았더라면 그것을 발견할 리가 없었을 것이다. '미리'는 '키스'가 끝난 뒤에 그 장소를 유심히 노려보았고 그것은 입을 맞추기에는 퍽 좋은 장소라는 생각이 들었다. 그리고 또 한 가지는 어머니가 목 뒤에 '키스'를 받았을 때에 조금도 어머니 다웁게 보이지 않았던 것이었다.

그녀는 할머니와 '젠킨스' 박사를 보지 않으려고 하였기 때문에—그러나 역시 그녀는 그들을 보게 되었지만—무척 유심히 어머니를 보고 있게 되는 것이라고 생각하였다. 그리고 '젠킨스' 박사는 조끼를 입지 않고 있었기 때문에 시계 줄을 달고 있지 않았지만 역시 이야기는 할 수 있었다. 또한 할머니의 얼굴은 그녀의 분홍빛 옷의 반사라고만은 도저히 생각할 수 없을 만큼 다홍빛으로 진하게 홍조紅潮되어 보였는데, 그것이 날이 더워서 그러한지 부끄러워서 그러한지를 '미리'는 판단할 수 없었다. 그리고 아버지는 '젠킨스' 박사의 팔을 냅다 흔들어대면서 분주히 이리저리 돌아다니며, 맥주도 따르고 사람들의 목 뒤에다 입도 맞추고는 하였는데, 그 모양이 제법 토요일 날 저녁에 '루시'를 부르러 온 '에멧트. 존스'와 같은 젊은 청년으로 자처나 하는 것처럼 보이었다. 그러나 실상은…….

바야흐로 개똥벌레가 수많이 모여들었다. 현관 앞이 뜰 안에는 거의 어둠이 꽉 차있었다. '젠킨스' 박사는 그가 할머니와 같이 앞으로 가기로 되어있는 '흑산黑山'에 대한 이야기를 하고 있었다. '미리'는 그의 목소리가 지극히 먼 곳에서 들려오는 것처럼 느껴졌다. 그녀는 모든 사람들에게서부터 퍽으나 머나먼 곳에 격리隔離되어 있는 것 같은 생각이 들었다. 그녀는 '루시'와 같이 층계위에 앉아 있었으면 하는 생각이 들었다. 또한 그녀는 재미있는 생각이 떠오르고 있었기 때문에—여름 벌레야 꼬이던 말던—불빛이 하나 있었으면 하는 생각이 들었다. 그녀는 이것을 모르고 있었지만 아마 시간은 뒤를 향해서 가고 있었던가 보다. 밀월을 맞이한 할머니들. 자기들의 어머니들이 아직도 젊다고 생각하고 나이 먹은 아버지들. 처녀같이 목 뒤에 '키스'를 받고 조금도 어머니 다웁게 행동하지 않는 나이 먹은 어머니들.

'미리'는 손을 내밀어서 개똥벌레를 한 마리 잡아들고는 손가락 사이에서 윙윙거리게 하였다. 이 행동은 확실한 안도감을 주었다라는 것은 만약에 시간이 여기에서 회전을 한다면 가장 나이 어린 사람으로서 '미리'가 제일 먼저 가게 될 사람이 있기 때문이다. 그리하여 그녀는 자기가 점점 멀리 떨어져나가는 것을 느꼈다. 그녀는 손가락으로 탁탁 치는 대로 번쩍번쩍하고 불이 켜지는 것을 보기 위하여 손 사이에 개똥벌레를 꼭 담아두었다. 물론 그녀는 작년 여름에 '나무집'에 있던 생각을 하려고 뒷걸음질을 칠 생각은 조금도 없었을 것이다.

그 집의 기억은 옆구리를 바늘로 꿰매는 것처럼 날카롭고 고통스러우면서도 놀라울 만큼 뚜렷하게 다가왔다. 그것은 그녀가 이 순간까지도 '나무집'의 일을 까맣게 잊어버리고 있었기 때문이다. 그런 일을 잊어버린다는 것은 불가능한 일같이 생각이 되었지만 사실 그녀는 그것을 다 잊어버리고 있었던 것이다.

한 여름에서부터 그 다음 여름철까지 그녀는 완전히 잊어버리고 있었다. 그 기억을 찾아 올라가는 하나하나의 계단은 동생 생각이 나지 않았다. 새들과 이웃 살이를 하고 있었기 때문에 인간적이라기보다는 그 이상의 무슨 현기증 나는 감각, 가슴이 시원해지는 입사귀의 향기와 해가 비칠 때면 엽맥葉脈을 비쳐보는 즐거움, 그리고 확실히 계집에가 아니라는 가벼웁고 자유로웁고 기가 막힌 감정.

그것은 자기가 소년과 같은 감정을 느꼈다는 것이 아니라고 '미리'는 생각하였다. 그것은 그러한 것이 아니었다. 그녀는 남자라든가 혹은 여자라든가 하는 따위의 것을 느낀 것이 아니었다.

'미리'의 내부에서 노래와 같이 솟아오르는 중성中性에 대한 향수. 작년 여름은 그녀가 아직 '캠프'에서 의서醫書를 보지 않았을 때이다. 따라서 그녀가 들은 모든 이야기는 실에 꿰지 않은 염주 알 모양으로 서로 아무 연관성이 없었다. 작년 여름은 그녀가 아직 '루시'와 밤새도록 이야기를 하지 않았을 때이며, 따라서 속삭여진 비밀의 열熱로서 그녀의 의식에 아직 자기 자신의 성의 화인火印이 찍혀지지 않았을 때이다. 작년 여름은 그녀의 할머니가 아직 '젠킨스' 박사와 밀월을 갖게 되지 않았을 때이다.

상실의 의식은 너무 날카로워서 거의 쾌감으로 변하여버렸다 라는 것은 '미리'는 만약에 시간이 털 뭉치에서 실을 뽑아내듯 마음대로 뽑아낼 수 있는 것이라 할지라도, 자기가 도저히 다시는 '나무집'의 여름으로 들어갈 수 없다는 것을 알고 있었기 때문이다. 그때는 그녀는 그녀가 보고 느끼고 행한 모든 것이 단 하나의 의미밖에는 가지고 있지 않았었을 때이다.

그러나 그 시절의 지금에 와선 이미 상실되어버린 죽은 시절이며, 인제 그녀는 그 시절을 다만 슬퍼하고 기억할 수밖에는 없었다. 모든 사물이 각자의 순수속에서 보이어 주던 그 단순성을 기억하여보라. '나무집'에 매어달린 하나의 잎사귀가 그녀의 한 시간의 명상 속에서 한 번도 크고 작은 나뭇가지와 뒤 섞이는 법이 없이, 심지어는 나무 그 자체와도 아무 관련이 없이 소멸될 수 있었던 그 모습. 여름 아침의 향기가 '치즈' 덩어리처럼 썰어질 수도 있고 그 모습 말하자면 이것은 몬지 위에 서린 간밤의 비, 이것은 여름의 통나무 위에 싹트는 봉오리. 그리고 저것은 오정이 다가오는 첫 징조. '치즈'처럼 짤리어저서 다시는 한 덩어리로 모디어 질 수 없이 거기에 조각조각 흩어져있는 것.

그러나 지금 그 단순성은 가버리고 말았다. 모든 물건이 서로 부딪치고 충돌하고 혼란을 일으키면서 다른 물건으로

화하여버렸다. 서로 충돌을 하는 두 개의 갈라질 생각이 전혀 새로운 그 무엇을 만들었고, 그 때문에 소녀는 어떻게 느껴야 할는지 전혀 알 길이 없었고, 좀체로 일정한 지각을 가질 수도 없었다.

"지금 우리들은 어째서 더 일찍이 같이 합쳐지지 않았든가. 신기한 감이 들어."

할머니는 어둠 속으로 또렷한 어조의 음성을 말하면서 이야기하고 있었다.

"나는 우리 두 사람이 쓸쓸하게 사는데 너무 습관이 되었다고 보아. 그래서는 아니 된다는 것을 우리들은 잊어버리고 있었단 말이지."

그녀는 경탄과 희망과 부드러운 자책에 가득 찬 약간 당황한 목소리로 웃었다. 그 웃음소리는 어둠을 뚫고 '미리'의 귀에까지 밀려와서는 그녀의 주위를 자꾸만 맴돌고 있었다.

"그런데 우리들은 물론 남들이 어떻게 생각할는지 그것이 궁금하단다."

이 말이 나오자 재재거리던 이야기 소리가 뚝 끊겨버렸다. '미리'는 그녀의 어머니와 아버지가 단언하는 말과 '다른 사람이 므어라고 그래요.' 하고 '루시'가 똑똑히 말하는 소리를 들었다.

'미리'는 여지껏 보다도 한층 더 멀리 떨어져나가는 자기 자신을 느끼었고, 그러면서도 무엇인가 자기에게는 그에 대한 아무 일도 할 수 없다는 감정이 삽입揷入되어 도리어 한 걸음 더 가까이 접근해 들어오는 것 같은 감도 없지 않았다.

오오, 다만 슬퍼하며 기억 속에서 생각할 수밖에 없는 잃어버린 시절이여 죽어버린 시절이여 하고 그녀는 생각하였다. 그녀는 이것을 가지고 사당祠堂을 만들고 싶었다. 그녀는 이 기억을 전부 상자 속에 묶어 놓아두고 싶었다.

'미리'는 의자에서 벌떡 일어났다. 부드러운 여름 저녁의 산들바람이 그녀의 치맛자락을 나풀거리며 오랫동안 앉아서 땀이 밴 살을 시원하게 하였다. 그녀는 그 기억들을 상자 속에 담아두고 싶었고, 그러면 그것들은 다시 지붕 밑 방에 있는 가방이 할머니에 대하듯이 자기에게 대하게될 것이었다.

'미리'는 어둠을 향해서 그녀의 두 팔을 내뻗고 싶었다. 이러한 통찰洞察의 애석감愛惜感을 보이어주기 위하여 무슨 큰 일을 하고 싶었다. 뛰어가서 소리를 치고 대지위에 온몸을 내던져보고 싶었다. 그러나 그녀는 산들바람이 종아리의 땀을 부채질하고 지나갈 때마다 약간 몸을 떨면서 현관 앞의 마당 위에 그대로 가만히 서있었다. 마치 그녀의 주변에 둥근 줄이라도 쳐있는 것처럼 다른 모든 사람들과 단절된 채로 서있었다.

"그렇지만 너희들은 모두 다 참 훌륭하다."

하면서 할머니는 흐느끼듯이 조그마한 소리로 웃었다.

"그리고 우리들이 오기 전에는 나는 그것을 생각하고 두려워하였단다."

재재거리는 이야기 소리는 다시 시작되었고 그중에서 유난히 귀에 거슬리는 뚜렷한 '루시'의 목소리가 크게 들려왔다.

"훌륭한 것은 할머니라고 나는 생각해요. 제일 훌륭한 사람이 할머니예요!"

'미리'는 꼼짝도 하지 않았다. 과연 '루시'는 자기편이 아니었다. 좋다. '미리'는 놀라지 않았다. 지금 그녀는 자기가 얼마동안 그것을 기다리고 있었다는 것을 알았다. 그것이 지금 일어났던 것이다. 그 이상의 아무 것도 아니었다. '미리'는 소리를 지르고 울고 싶었지만, 이러한 때에 흘려야할 눈물이 어떠한 것인지 도무지 알 수가 없었다. 그녀의 눈은 닥닥하고 매말러 있었다. 그녀의 원주는 그녀를 단단하게 둘러막고 있었으며 그녀는 쓸쓸하게 단 혼자 서있었다.

"오오, 나는 알았다!"

그녀는 이 소리를 어둠의 저 편에 앉아있는 할머니에게 외치고 싶었다. 나는 무엇을 잊어버린다는 것이 어떠한 것인가를 원주속에 다리를 걸고 서있는 것이 무엇인가를 알고 있다. 나는 지금 당신의 주의가 언저리에 서있는 사람들에게 미치지 않았을 때에 당신의 처지가 어떠하였던가를, 또한 개가 원주 안으로 들어갔을 때 어째서 당신이 내가 오기를 그렇게 오랫동안 기다리고 있었던가를 알고 있다.

"오오, 나는 알았다!"

그러나 이 지식이 무슨 가치가 있는 것인가 하고 '미리'는 생각하였다. 그리고 한 사람이 그가 잊어버린 것으로 인하여 그 여운속에 얼마나 오랫동안 서있어야 하였나 하고.

"자, 나는 가 잘 테야."

하고 '젠킨스' 박사는 말하였다.

"오늘은 참 보람 있는 날이다. 그렇고 말고."

웅얼거리는 이야기 소리가 다시 시작되었다. 현관문이 찍찍거리면서 흔들리었고 '미리'의 어머니의 신발소리가 현관을 건너서 짤깍거리기 시작하였다.

"나는 정말 기뻐요."

'미리'는 속삭이었다.

"당신이 인제 외롭지 않게 되어서 나는 정말 기뻐요. 나는 내가 기쁘다는 것을 나의 마음속으로 알고 있어요. 당신은 내가 마음속으로 기뻐하고 있다는 것을 알고 있지요."

'젠킨스' 박사는 현관의 손잡이에 물 뿌리를 탁탁 털고는 커다란 소리로 하품을 하였다. 그들은 모두 들어가고 있구나 하고 '미리'는 생각하였다. 아무도 그녀가 거기에 있는 것을 아는 사람은 없어보이었으며 그녀의 걱정을 하고 있는 사람도 없어 보이었다. 그녀는 그들이 있는 곳으로 가고 싶었다. 그러나 그것이 무슨 소용이 있었던가? 또한 그녀는 그 누구에게 가고 싶었던가? '루시'에게인가? 그것은 결코 아니다. 그녀의 어머니한테? 이 밤에 어머니한테 갈 일은 없다. 할머니한테? 천만에다.

"나는 누가 필요하다."

하고 그녀는 말하였다.

"나는 사랑할 사람이 필요하다."

처음에는 그녀는 부드러운 털이 자기의 바에 닫고 있는 것을 느끼지 못하였지만 그것을 깨닫게 되자 몽실몽실한 털의 감촉은 그녀를 녹여버릴 듯하였고, 그녀가 무릎을 꿇자,

두 눈에서 눈물이 쏟아져 흐르기 시작하는 것이 느껴졌다— 따뜻한 눈물이 슬그머니 두 볼 위를 흘러내렸다.—그것은 새로운 눈물, 이러한 때에 그녀가 흘리고 싶던 눈물이었다.

'비네가'는 둥근 원주를 넘어 들어와서는 목을 울리면서 그녀의 두 팔 사이에 와서 걸음을 멈추었다. '미리'는 손가락 사이로 부드러운 털을 어루만지면서 다리 빼있는 데를 쓰다듬어 주었다.

밤은 퍽으나 조용하였다. '비네가'는 똑바로 서있었다. '미리'는 고양이를 쳐들어서 팔 안에 끼고 흔들어주면서 잔디밭 뒤로 걸어 나갔다. 현관 안의 자기가 서있던 자리에서부터 발을 옮겨놓는 것이 여간 기분이 좋지 않았다. 별을 쳐다보자, 어느 새에 얼굴 위의 눈물은 말라있었다. 별은 제각각 고독하면서 그들은 모두가 합쳐서 밤을 만들고 있었다.

"얼마동안을?"

하고 그녀는 팔 속의 고양이를 흔들어주면서 속삭이었다.

"얼마동안을?"

《주부생활主婦生活》 1958년 6월호

고양이

안드리안. 모리앤 작 · 김수영 역

전쟁이 끝나자마자 우리들이 누구나 할 것 없이 거의 직각적으로 발견한 사실이 있었으니 그것은 우리들의 몹시 학대받은 거리에는 고양이의 그림자도 볼 수 없게 되었다는 일이었다. 고양이들은 어떻게 되었을까? 평화로웠던 시절에 그들 고양이들은 우리들이 드나드는 방문이 어쩌다 조금만 열려있어도 고개를 쏙—내밀며 소리 없이 미끄러져 나오지 않았던가. 이런 풍경을 우리는 전쟁이 끝이 난 초부터는 보려야 볼 수 없게 되었던 것이다. 우리가 살고 있는 방문은 옛날같이 열리어져 있었으나 아무도 그 문 사이로 스며드는 고양이의 아옹하고 우는 소리를 들을 길은 없었다. 사람들이 고양이들을 잡아먹었나? 고양이들이 먹을 것이 없기 때문에 굶어 죽었나? 혹은 생식을 하지 못하여 아주 씨가 없어지고 멸족을 하여버렸나? 아무도 이에 대하여 확신한 것을 아는 사람은 없었다. 그러면서도 누구나 할 것 없이 모든 사람이 이 고양이들을 기다리었다. 여름철이 잡아들자 우유牛乳의 부족이 없어졌던 때이었다. 모—든 사람들은 우유를 보고는 고양이를 그리워하였다. 이를테면 고양이는 가구의 일부분 같은 것이었다.

화가들은 그림을 다 그리고 마지막으로 그 그림 우에 옷칠을 칠한다. 이 광채 나는 옷 칠처럼 단락한 가정에 있어서는 사람들은 고양이를 기름으로 아늑한 가정을 한층 더 아늑한 것으로 만들 수 있었던 것이다. 노인들에게는 고양이는 둘도 없는 위안물이었으며 첫 아이가 나오기를 기다리는 젊은 신혼부부들에게 있어서는 고양이는 앞으로 태어날 귀여운 자기들의 갓난 애기 같이 생각이 들었다. 많은 가족을 가지고 있는 가정에서는 부엌 속에 놓은 우유접시라는 우유접시가 하나 남김없이 도적을 맞아서 텅텅 비어있는 것이 눈에 뜨이었다. 새앙쥐란 놈들의 행패가 날이 갈수록 점점 황포하여만 져 갔으며 사람들은 이 정신없이 훔쳐 먹는 대식가들에게 특별히 식탁을 마련하여놓지 않으면 아니 되겠다고 생각하지 않을 수 없게 되었다. 식구가 많아서 도저히 새앙쥐들의 먹을 몫을 떼어놓지 못하는 가정에서는 할 수 없는 일이었지만 어지간한 가정에서는 이 염치없는 도식가盜食家들에게 하는 수 없이 우유를 빼앗기었다. 아직도 넉넉지 못한 살림살이를 하는 사람들에게 있어서 이것은 적지 아니 골머리 아픈 일이었다. 겨우 균형을 회복한 것 같이 생각이 들든 살림살이가 다시 뒤죽박죽이 되었다 — 지옥같이 구차한 가정경제에 있어서는 이렇게 되는 것도 당연한 일이다 — 그리고 보니 역시 이러한 혼란을 참을 길이 없는 것이다. 새앙쥐들의 도량逃梁은 날이 갈수록 자심하여만 가서 나중에는 하수구가 받아야할 몫까지도 없어지었다.

신문이 고양이들의 문제를 떠들기 시작하였다. 어떤 사람이 고양이를 보았다는 소식이 이 입 저 입에서 떠들기 시작하였다. 그러자 사람들의 회화는 의례히 고양이를 본 사람이었다는 반가운 소식에서부터 시작되고는 하였다. 오후에 사나이들이 사무실이나 공장에서 아직도 일을 하고 있을 때면 부인들은 집에서 같이 이야기할 사람 하나 없이 혹은 애무할 물건조차 가지지 못한 채로 심심하기 짝이 없었다. 그러나 그 중에도 고양이가 없어져서 제일 애처로웁게 보이는 것은 노인들이었다. 검은 고양이나 혹은 얼룩진 고양이를 무릎 우에 올려놓고 남아있는 여생의 쓸쓸한 그 날 그 날을 보내는 노인들에게 있어서 고양이라는 동물은 없어서 아니될 애완물이었다. 쓰다듬어줄 수 있는 머리, 잘룩하게 앞으로 뻗히어있는 발, 그리고 하늘로 높이 꾸부러져 올라간 꼬리—이러한 것들이 우리들의 생활에 없어서는 아니 될 장식물이었다는 것을 이때처럼 절실히 깨달아본 일은 없었다. 아아, 고양이들에게 먹이어줄 양식만 있었더라면! 많은 사람들이 얼마나 즐거운 마음으로 과자 배급표를 고양이를 위하여 받쳤을 것인가.

지나간 겨울에 전쟁이 계속되던 때에 무참하게 죽은 고양이 몇 마리나 되며 또 그들이 어떻게 죽었는지 확실한 통계표는 구할 수 없었으나, 자연히 고양이들이 없어진 원인이 사람들에게 알리어질 날이 왔다. 양심의 가책을 받고 눈물을 흘려가면서 많은 굶주린 사람들이 고양이를 팔아먹었다—촛불이 아니면 램프 불 옆에 앉아서 사람들은 고양이의 평화스러운 울음소리를 상상하면서 이 우울한 식사를 하였던 것이다. 먹을 것이 없어서 굶어죽은 고양이도 적지 않았다. 고양이의 털을 벗기어서 옷을 하여 입은 사람도 있었으나 그들은 이것을 차마 못할 짓이라는 것을 이내 깨달았다. 죽은 고양이가 불쌍한 생각이 들었다. 그러나 그보다도 헐벗고 떨고 있는 같은 동포들이나 친구들을 보기가 미안하기 짝이 없었다.

아무한테서도 먹을 것이 나오지 않는 눈치를 보아 고양이들은 당황하여 자기들이 태어났으며 자라난 집—자기들이 어머니가 되고 할머니가 되고 증조할머니기 된 집—에서부터 먹을 곳이 있는 곳을 찾아 달려 나갔다. 그들은 길 위에 쌓인 눈 속에 행방불명이 되거나 혹은 잡히거나 혹은 얼어죽기나 하였으니 이 불쌍한 고양이들이 겪은 고통은 기가 막혀 어찌 이로 말할 수 있으랴.

감상적인 기분에 잠겨있을 나이의 처녀와 눈이 어둔 늙은 노인 이외에는 아무도 고양이에게 관심을 가지고 있는 사람이란 그 당시에는 없었다. 그러든 것이 지금은 어떠한가? 모—든 사람이 고양이를 그리워하며 슬퍼하고 있다. 시장이 이에 관하여 주의를 돌리게 되었다. 과거의 전통적인 노선을 고수하고 있는 정당이 아닌 새로운 정책을 주장하는 정당이 탄생하게 되었다. 그러나 소위 '심중한 고려'의 시간을 가지기 위하여서 필요하다는 얼마간의 동요의 시기를 경과한 후에 수립된 새로운 정책이란 과거의 그것이나 별로 변함이 없는 것이었다.

고양이란 고양이가 전부 죽어 없어진 것이 아니었다. 고양이가 아주 씨(종자)도 없어진 줄 알고 슬퍼하는 사람의 눈에 그러한 슬픔을 무시하는 듯이 하나 둘 고양이는 그 자태를 보이기 시작하였다. 고양이들도 그동안의 오랜 기아를 겨우 면하고 나니—그들은 처음에는 빵과 묵은 우유를 먹었으나 지금은 돼지의 소장과 생선 대강이를 먹고 있다—비로소 익명의 시대에서 벗어나와 제법 독립된 개성을 가진 생물같이 보이어졌다. 들창 가까운 곳에 여름 아침의 태양이 쪼이기 시작할 무렵 또는 저녁의 햇발이 가시고 세상의 모—든 습기가 사라질 무렵, 다시 산보를 즐기게 된 어른들이나 로상에서 놀고 있는 아이들의 눈에 고양이의 모습이 여기 저기 뜨이기 시작하였다. 고독한 표정을 하고 있는 고양이의 머리를 보니 금시 가슴에 애처로운 애정이 끌어 오른다. 적년히 평화는 다시 찾아왔다. 봄과 여름을 제대로 느낄 수도 있게 되었다. 세상이 애처롭고 아름답다고 느끼기에 고양이는 그리 큰 곤난을 가지고 있지 않았다. 뿐만 아니라 고양이는 이 세상을 보는 견지가 적지 아니 달라졌던 것이다. 고양이는 세상을 바라본다.—사람의 바지 가랑이사이로 부인네의 양말 신은 발 사이로, 혹은 고양이는 지붕 우에서 가로등이 반짝이는 밤거리를 내려다보기도 하고 멀리 운하의 물이 불빛을 띄우고 흘러가는 것을 바라다보기도 한다. 온 세상이 잠들어 버린 밤거리에는 고양이만이 깨어서 소리를 내며 연통잡기와 철망 넘기를 시작하면서 재미나게 놀고 있다. 밤이 늦어서 집에 돌아온 내가 문을 열려고 자물쇠를 덜커덕거리며 놀고 있던 숫고양이들이 이 소리를 듣고 놀라서 빤히 나를 쳐다보고 있는 것을 나는 여러 번 발견하였다. 자리 속에 들어간 후에도 그들의 강하고 표독한 생生에의 갈망은 나의 마음을 뒤흔들고 나의 잠을 깨고는 하는 것이었다.

그해 여름에는 숫고양이들이 여간 바쁘지 않았다. 암고양이가 부족하였기 때문에 그들은 길을 건너서 먼 곳까지 찾아갔다. 거리의 구조나 지리에 관한 지식도 그들은 여간 풍부하여지지 않았다. 사람들은 곁에서 훨씬 떨어져 있는 어떤 먼 거리에서 자기들의 숫고양이를 만나고 하였다. 그러할 때마다 고양이들은 스스로 부끄러움을 금치 못하는 기색이 완연히 보이었다. 뜻하지 않은 곳에서 주인을 만난 고양이는 너무 반가워서 자기들의 목적까지 잊어버리는 수가 많다. 그리고 그 주인을 따라서 집으로 돌아오면서 어느 고양이는 배가 곯아서 먹을 것을 찾으려 나온 것처럼 보이는 것도 있으며 어느 고양이는 동무가 그리워서 그 동무를 만나러 나온 척 하는 것도 있다. 저녁때에는 의자 위에 누워서 한끝 게으른 표정을 하고 있고 고양이들은 집안사람들이 잠을 잘 준비를 하는 것을 보자마자 곧 활동을 개시한다.

도둑고양이를 가진 사람은 그의 집 앞에 일단의 숫고양이들이 모여 있는 것을 발견하기 어렵지 않을 것이다. 모여 있는 이 고양이들을 보면 그 속에는 숫컷도 있고 암컷도 있다. 아무리 보아도 서로 혈연이 섞여있는 것 같이는 보이지 않는 이 고양이들은 불안하고 질투에 타고 있는 표정을 하고 있는가 하면 또한 어디인지 신뢰가 어울리지 않는 충성에 가득한 표정을 하고 있다. 또한 어떻게 보면 우울하고도 포기적인 표정을 하고 있는 것같이도 보이었다. 그 중에도 가장 기분이 나쁜 얼굴을 하고 있는 것이 숫고양이들이다. 밤이 오면 고양이들은 이 집을 온통 포위한다. 숫고양이들은 도로를 가로질러가지고 비상선을 편다. 이러한 광경은 마치 무슨 군사연습이라도 하고 있는 것처럼 보인다. 처마 우에 교통이 빈번하여진다. 수많은 세지世智가 사람이 보지 않는 어둠속에서 소모되는 것이다. 만일 이것을 엿보는 사람이 있다면 그것은 낡은 여관의 고대 희랍식 들창 문틈을 타서 밖을 내다보는 잠이 없는 숙박인정도일 것이다. 암고양이가 몹시 부족하였든지? 그렇지 않으면 숫고양이들이 너무 방탕을 즐기고 있는 까닭이었는지?

우리나라에 고양이가 부족하다는 말이 외국에까지 알리어졌으며 심지어는 바다를 건너 있는 먼 나라에까지 이 소식이 갔다. 이 소식을 들은 외국에서는 처음으로 먹을 것과 입을 것을 보내는 소포 편에 고양이까지 몇 마리 넣어서 보내왔다. 이 외국에서 온 고양이들은 남쪽의 어느 항구에서 내리어졌다. 위원 회원들이 이 도착한 고양이들을 환영하였다. 고양이를 환영하는 위원단의 선두에는 시장이 모자를 손에 벗어들고 서있었다. 고양이들은 여러 개로 칸을 막은 장방형長方形의 '바스켓' 속에 넣어 있었다. '바스켓'의 뚜껑을 열고 보면 그 안은 버들가지가 격자형으로 얽어져 있고 그 밑에 고양이들이 앉아있는데 이 형형색색의 빛깔을 한 고양이들은 앞발을 들고 일어서서 위원단의 여러분들이 따뜻한 손으로 머리를 쓰다듬어 주는 대로 몸을 맡기고 서있었든 것이다. 김이 무럭무럭 나는 멸치 포대를 들고 돌아다니는 노파도 있었다. 푸른 하늘 밑에서 정열적인 고양이의 울음소리가 퍼지어갔다. 모—든 사람의 입가에는 천사 같은 미소가 어리어져 있었다. 무디고, 말이 없고 강한 성격을 가진 부두 노동자들까지 일하든 손을 멈추고 사랑스러운 눈초리로 이 동물들을 들여다본다. 사람들은 모두 이 동물을 환영하였다. 부두의 온화한 아침 공기 속에는 코를 찌르는 듯 한 고양이의 오줌 냄새가 풍기고 있었다. 사람들은 이 고양이의 오줌 냄새를 맡고 새삼스러이 자기들의 다시 찾은 자유를 회상하고 앞으로 다가올 가정생활에의 희망을 꿈꾸는 것이었다.

이날 고양이들은 흰 바탕에 꽃무늬가 놓인 접시에 담겨있는 우리나라의 우유를 처음 맛보았다. 고양이들이 우유를 핥아먹는 모양을 어린아이들과 어린아이의 양친들을 부엌 한 구석에 몰려와서 무슨 신기로운 것이나 보는 듯이 구경하고 서있었다. 고양이는 차근차근하고도 조심성스러운 걸음걸이로 이곳저곳으로 다니며 냄새를 맡아가면서 가족들의 거실로 향하여 걸어갔다. 그러하는 고양이의 뒤를 가족 사람들은 고양이의 동작에 발을 맞춰가면서 따라갔다. 연하여 방안에서는 고양이들의 목을 울리는 소리가 들려왔다. 이것은 그들이 이야기하고 웃음 웃고 노래하는 소리이었다. 고양이들은 안락한 곳에 들어 누어 호박과 같이 몸을 둥글게 쪼그리고 쌕쌕 잠들어버렸다.

외국에서 온 고양이들은 거처가 안정이 되자 곧 자기가 살고 있는 주변의 동리를 답사하기 시작하였다. 밖에 나가지 않고 집안에 들어앉아 있는 고양이들에게는 밤만 되면 옆의 집의 지붕위에서부터 야웅— 야웅 거리는 소리가 들려와서 우리의 세계에는 국경이 없다는 경고가 연방 알리어져 오고는 하였다. 어느 날 외국에서 온 고양이들은 밖으로 나와서 노상에 깔아놓은 습기가 찬 포석鋪石을 밟아보았다. 밖에는 항상 이러한 순간을 위하여 눈을 뚱그렇게 뜨고 기대하기보다는 오히려 증오에 가까운 감정에 사로잡혀 망연자실한 표정으로 대기하고 있는 숫고양이가 있었다. 언어의 장벽이라든가 예절에 대한 관심이라든가 인간적인 수치감 같은 것에 방해됨이 없이 그들은 마치 거리에서 장난하는 철없는 아이들처럼 서로서로 사귀고 친하였다. 마는 이들은 또한 고양이의 족속들만이 가지고 있는 기나긴 여름의 오후를 꾸준히 기다릴 수 있는 강한 인내성을 잊어버린 것은 아니었다. 이내 결과는 뚜렷이 나타났다. 여름이 다 가기 전에 처녀 고양이가 탄생하였던 것이다. 새로운 세대—전쟁이 무엇인가를 모르고 자기의 부모가 건너온 먼 나라가 어디인지도 모르는 새로운 세대, 그리고 이 세계가 불가침의 주권을 가진 전용물같이 생각이 드는 새로운 세대가 탄생하였다.

그럭저럭하는 사이에 바다 건너에서 고양이를 보내줄 미지未知의 인물에게 이 이상 고양이를 더 보내지 말아달라는 거절의 편지가 가게 되었다. 모자라서 걱정하든 고양이가 인제는 너무 많이 생겨나서 처치하기도 곤란하게 되었다. 본

능의 활동은 장려가 필요 없는 것이다. 새로운 단체가 설립되고 보니 고양이 위원회도 하는 수 없이 그 활동을 중지하였다. 고양이 사업은 그 목적이 무의미하게 될 때에도 그 임무를 전적으로 포기할 수는 없는 것이었다. 그 결과 어느 노파(고양이가 항구에 도착하였을 때 멸치를 분배하던 노파라고 생각이 드는)가 기상천외의 착안을 발견하여 내였다. 조국의 해방을 위하여(설사 그것은 무의식적인 소행이었을는지 모르지만) 생명을 받친 고양이들을 위하여 기념탑을 세워주자는 의견이었다. 처음에는 이 생각은 어디에도 무례한 일이라고 하여 그리 대수롭게 여기어지지 않았다. 그러나 사람이라는 것은 무엇이든지 하나의 일에 집착을 갖게 되면 그 일에 대하여서 몇 백번이고 거듭 생각을 하지 않을 수 없게 되는 것이며 그러는 동안에 그는 보다 더 정열적으로 그 일을 욕구하게 되는 것이다. 고양이의 기념탑을 원하는 사람이 수많이 나타났다. 뿐만 아니라 우리들의 생활을 훨씬 아름답게 만들 수 있는 광적인 충동에까지 그들의 욕구는 승화되어 갔다.

고양이 위원회에서는 그 자체의 목적이 변경되는 것이기 때문에 처음에는 어디인지 주저하는 기색이 보이었으나 결국 이 일에 착수하기로 결정하였다. 유창한 한 자루의 만년필은 우리의 모—든 주저를 깨끗이 씻어버리고도 남음이 있는 것이다. 회람판이 작성되고 기금모집이 시작되었다. 뛰어난 부호들에게서부터 지폐가 들어오는 한 편 헌 지갑 속에 한 닢 두 잎 양심적으로 모아둔 모양이 없는 전전戰前의 동전들도 들어왔다. 어린아이들까지도 그가 가지고 있는 돈을 내어놓았다. 우리의 기계 같은 생활 우에도 비록 조그마한 것이지만 정의는 움직이고 있었든 것이다. 시의원회는 이 기념탑을 시내에 제일 큰 공원 안에 건립하기를 승인하였다. 이에 대한 결정을 보기까지에 시의원들은 우리와 같은 논쟁을 하지 않으면 아니 되었다. 인생의 기본문제까지도 논의의 대상이 되었던 것이다.

그 다음 해 여름, 어느 토요일 날 오후에 이 기념탑의 제막식이 거행되었다. 기념식전은 그로부터 또한 일 년이 지난 후에 베풀어졌다라는 것이 거의 모든 가정에서 고양이 새끼들이 버림을 받고 그 시체가 부엌의 들통이나 운하의 물 우에 떠돌아다니고 있었기 때문이다. 식량의 배급제도도 없어져 갈 무렵이었다. 우유 같은 것도 얼마든지 원하는 대로 살 수 있고 먹을 수 있게 되어있었다.

비가 오는 날이었다. 꽃이 피어있는 '자스밍(소향素馨)'나무 덤불과 빈틈없이 손질을 하여 놓은 풀밭 우에 나리는 비는 이러한 풍경과는 너무 대차적對蹉的이었던 지난 날 전쟁이 계속되는 시절을 생각게 하는 것이었다. 어떤 사람인지 우산을 받고 나와서 일장의 연설을 하였다. 지성이라는 전등불을 좀체로 꺼버릴 수 없는 사람에게는 도저히 귀속에 집어넣기 어려운 우스꽝스러운 현실을, 별별 사람이 다 모이었다. 이러한 유별난 일이라도 없으면 좀체로 이렇게 많은 사람이 야외에 한 장소에 모일 기회는 드문 것이다. 여름에도 불을 그리워하는 만성불외출慢性不外出, 묵상黙想하는 애연가와 몽상가, 죽을 날까지 가지고 가야할 것만 같은 수심에 가득 찬 노파, 발을 젓는 어린아이, 언제고 물동이를 몸에서 떼어 논 일이 없는 총각, 의족 하나 살 돈이 없는 가난한 다리 절름이, 마치 자기의 눈이 보이는 것처럼 얼굴에 미소를 띄우고 있는, 억울한 일로 눈이 다친 장님, 그러나 또한 그 안에는 화려한 의복을 입고, 값비싼 가죽제품을 가지고, 지진 머리털의 빗방울을 털고 있는 아름다운 젊은 여인도 있었다.

공중에는 경건한 해독이 떠돌고 있었다 — 마치 이 에서 잠시 떠나서 정신주의자와 채식주의자와 정치 초심자와 '잡지 편집자'의 회합에 참가하고 있는 것 같은 기분이었다. 이러한 인상은 여기 모여 있는 사람들의 옷차림을 볼 때에 한층 더 강한 것으로 되었다. 헝겊으로 만든 '캐암' 가죽으로 만든 '자켓' 19세기 식의 어깨걸이, 현대식 의복에 가슴에 꼽힌 어울리지 않는 시골 목도리 '핀', 턱수염, 입수염, 분가루, 초라한 얼굴에 칠한 입술연지, 씻지 않은 손, '자스민' 꽃향기 우에 떠도는 미지근한 고양이 냄새 등이 있었다. 청동으로 만든 고양이 한 마리가 대좌臺座우에 비스듬히 앉아있었다. 아이들을 데리고 공원에 산보를 갈 때면 나는 으례히 이 앞을 지내온다. 기념탑은 벌써 풍우에 거슬려서 퇴색하기 시작하여 회색이 녹지 않고, 방안은 살을 어여내는 듯이 춥기만 하여 걸어가는 것이 세계를 일주한 것같이 즐거웁게 생각이 들든 전쟁의 년월이 무엇인가를 알지 못하는 무심한 아이들은 이 기념탑을 천진난만한 희열과 신기스러운 마음으로만 보고 있다.

고양이를 위한 동상이 세워져 있는 거리에 살고 있다는 것은 좋은 일이다. 천하의 서공鼠公 제현諸賢이여 우리들을 용서하여주시기 바라노라.

(독문獨文 번역: '젬스. 홀므스'씨, '디. 엠. 이. 하베마' 박사 공역共譯)

《신태양新太陽》 27호. 1954년 11월호

제4장

시사 번역

미국 군대 내의 흑인
—인종차별 철폐문제

김수영 역

미국 군대 내에 있어서의 백인 대 흑인의 인종차별은 바야흐로 소멸되어가는 과정에 놓여 있다. 벌써 백인과 흑인은 같은 대오隊伍속에서 어깨를 같이 하여 행진하고 있으며 식사도 같이 하고 같은 숙사 속에서 잠도 같이 자고 있다.

화부華府 당국은 이 인종차별 철폐의 철저를 기하기 위하여 미국 남부 병영지의 군인의 자제에 한하여서는 흑인과 백인을 격리하여 가르치던 종래의 방침을 없애고 같은 학교에 수용하여 교육하도록 명령을 내리고 있다.

현재까지의 상태로 보아서는 모든 점에서 순조로운 진행을 보고 있다. 단 하나 이 학교문제에 관하여서마는 약간의 말썽이 생겨날 것 같이 예측되고 있는 것이다.

1955년 9월까지

남부 미국 병영지의 군인들의 자제는 백인과 흑인의 구별이 없이 같은 학교에 수용되게 된 것이다. 앞으로 수개월 후에 이 문제가 해결된다면 군대에 있어서의 백인과 흑인의 격리제도는 흔적도 없이 자취를 감추어버리게 될 것이다.

흑인만으로 편성된 보병부대는 이미 미국 군대 내에서는 구경할 수 없게 되었다. 이들은 백인 군인들과 같이 섞이어 전투하고 백인 조종사와 같이 앉아서 비행기를 조종한다. 해군 내에 있어서도 이전과 같으면 취사부에 밖에는 사용하지 않던 흑인이 인제는 정규군인이 되어 일을 할 수 있게 되었다.

백인과 흑인과의 격리제도는 공무상에 있어서는 철폐되었으며 군무 수행 상 급 침실 상의 격리제도는 이미 우리는 볼 수 없게 되었다. 이 격리제도가 아직도 남아있는 것은 소수의 학교에 있어서뿐이다. 이에 대한 철폐명령이 또한 지금 내리어지고 있다. 이 명령을 발송하면서 미국 국방부는 치열하고 예리한 공박을 가하였다. 이 명령은 국방장관 '차레스 E. 윌슨'이 발송한 것이며 그는 늦어도 1955년 9월 말까지 남부 미국의 21개소의 병영지에 있는 학교의 백인과 흑인의 격리제를 일제히 철폐하라고 명하였다. 백인과 흑인의 혼합교육이 실시되지 않고 있던 수 개 주의 학교들이 이 명령에 따라서 격리제도를 폐하게 될 것이다.

남부 7개 주의 반대

남부 미국인들은 이 아동 혼합 교육에 대하여 군대 내의 혼합제도 이상의 격렬한 반대를 하였던 것이다. 공립학교의 격리제도에 관한 합헌문제 여부가 상금尙今도

대심원에서 심의 중에 놓여있다.

이리하여 군부에서는 군대 내에 있어서의 백인과 흑인의 격리대우를 철폐하였던 때와 같이 재차再次 인권차별의 구폐舊弊를 타파하기 위하여 영단을 내리게 되었다.

그 이유는 이러하다. '윌슨' 씨는 오랫동안 생각하고 연구한 끝에 이 전대미문의 역사적인 거사를 감행하기로 결정하였다.

'윌슨' 씨의 명령을 받은 육해공군의 병영지는 남부 미국의 칠개 주 '알라바마' 주, '알칸사스' 주, '텍사스' 주, 그리고 '버지니아' 주이다. 여기에는 군인들의 자제를 위한 특수학교가 건립되어 있다. 이 학교들의 경비 중앙정부에서 부담하게 되어있다. 당지의 행정부에서는 중앙정부에서 파견되어있기 때문에 지방세를 내지 않는 이들 군인들의 자제의 교육비를 부담하기가 대단히 곤란하기 때문이다. 그러나 이 학교를 실제 운영하여나가는 것은 당지當地 지방 관리들이다.

부친은 혼합 자제는 격리隔離

따라서 이들은 당지 주 당국의 법률과 학교 교실 내에 있어서의 백인과 흑인의 혼합 교육은 엄금하는 남부인들의 습관에 결박되어있는 것이다. 이리하여 만 명에 달하는 군인의 자제들은(자기의 부친들은 이미 오래 전에 격리대우를 받지 않게 되어있는 데도 불구하고) 여전히 격리대우를 받고 있는 것이다. 흑인들의 항의소리는 드높아져 갔다.

'아이젠하워' 대통령에게 진정서가 들어왔다. 대통령은 이 진정서들을 보고 중앙정부의 재정으로 경영하여 나가는 이 학교들이 격리제도의 타파를 촉진시키지 못하는 원인이 어데 있는지 모르겠다고 말하면서 '윌슨' 국방장관에게 이 문제를 해결할 것을 부탁하였다.

'윌슨' 씨는 이렇게 대답하였다.

"만약 지방 당국의 학교 운영자들이 공영지에 있는 제 공립학교에서 흑인 아동과 백인 아동의 혼합교육을 실시할 수 없다면 중앙정부가 직접 운영 책임자를 파견하여 학교 운영을 인계받은 작정이다. 그리하여 미합중국의 교육자들의 힘을 빌려 격리제도를 타파하는 혼합교육을 단행할 것이다."

만약에 지방 당국이 이 명령에 복종하지 않는다면 중앙정부는 매년 백 오십만 불의 학교운영비를 세우지 않으면 아니 된다. 그러나 군부가 학교를 운영하여 나가는 경험은 이것이 처음이 아니다. 지방 병영지에 적당한 지방 운영자가 없는 경우에는 국방부는 매년 병영지의 재정과 인원으로 학교를 운영하여 나가고 있었다.

군대 내의 격리제도

군부 병영지가 남부 미국의 혼합 교육을 실시하는 것은 이것이 처음이 되지 않을 것이다. 남부 미국에서도 전적으로 중앙정부의 비용으로 운영하여 나가며 지방 당국의 관리 하에 있지 않은 학교가 8개소였으며 이 학교들은 이미 격리제도를 타파하고 있다. 최근에 있어서 이 격리제도를 타파한 학교가 '조지아' 주에 있는 '포트레닝'이다. 이것이 바로 작년 일이다. '포트 프라그'와 북 '캐롤라이나'의 제 학교는 2년 전에 벌써 격리제도를 타파하였다.

이러한 과거의 실험에 비추어서 남아있는 21개소의 학교의 격리제도를 타파하는 것은 그리 어려운 일같이 생각되지 않는다. 초기에 있어서는 약간의 불평이 없지도 않았지만 그러나 대단한 말썽은 일어나지 않았다.

군대 내의 격리제도를 타파하기 시작한 때도 마찬가지였다. 군부의 사람들은 이것이 잘 진행되지 않을 것이라고 말하였다. 정치가들은 일반 민중이 이 개혁에 찬동하지 않은 것이라고 우려하였다. 그러나 이것은 단행되었다. 가장 조용하게 가장 민첩하게 그리고 커다란 불평없이 진행되었기 때문에 일반인들은 이러한 개혁이 군부 내에서 단행되었는지 인식조차 하지 못하고 있었다.

흑인 지휘관이 호령

제2차 대전에서 부상을 입은 상이군인들은 이 개혁을 흥미있는 눈으로 보았다. 오늘 미국 내의 어느 병영지이고 들어가 보면 알 수 있는 일이다. 흑인 군인과 백인 군인은 어깨를 나란히 하여 행진하고 있을 것이다. 때로는 흑인 지휘관이 호령을 붙이고 있는 것도 보인다.

병영지의 참모실에 들어가 보아라. 거기에는 흑인 군인의 행정관이 접대를 하고 있는 것이 눈에 띄일 것이다. 식당에 가보면 백인 군인과 흑인 군인이 한 식탁에 앉아서 식사를 하고 있는 것이 보인다.

혼합제도는 군대의 침실과 병동에까지 시행되고 있다. 백인 군인이 자는 침대 옆에서 흑인 군인이 자고 있는 것이 보인다. 병영지의 '댄스 홀'이나 수영장이나 이발소에서도 백인 군인과 흑인 군인의 격리제는 없어졌다.

백인은 '코카사스' 인

어떤 장교에게 그가 통솔하고 있는 흑인 군인이 몇 명이냐고 물어보라. 그 장교는 이 질문에 대답하지 못할 것이다.

"우리는 인종별로 부하를 조절하지 않습니다."

그는 이렇게 대답할 것이다. '백인'이라는 언어 자체가 군대 내에서는 없어졌다. 군대에서는 백인을 '코카사스'인이라고 부르고 있는 것이다.

공군에 있어서도 마찬가지다. 흑인 조종사와 백인 조종사는 자리를 나란히 하고 나르고 있다. 해군에 있어서도 백인 해병과 흑인 해병은 동일한 갑판위에서 침대를 인접하고 누워있다. 언쟁이나 말썽이 일어나지 않느냐고? 사소한 불평은 없지 않다. 주먹싸움 같은 것도 가끔 벌어진다. 그러나 별로 큰 싸움은 생기지 않는다. 이 개혁에 반대하고 있던 일부 장교들도 지금은 이 제도에 오히려 찬동의 뜻을 표시하고 있다.

취사부炊事夫 시대

군대의 모든 부문에 있어서 백인과 흑인의 격리제도가 철폐된 지 8년 밖에는 되지 않는다. 그 이전에는 흑인은 흑인대로의 부대가 편성되었다. 그들의 전투능력은 과히 높게 평가되지 않았다. 그들은 전투에 참가하는 일도 적었으며 주로 노동부대로 사용되었던 것이다.

여기에 변화가 생기기 시작한 것이 1946년도 이후의 일이다. 흑인 군인이라면 취사부에서 밖에는 쓰지 않던 해군에서는 모든 부문의 일을 흑인 군인에게도 개방하게 되었으며 그들은 세심히 주의력을 가지고 백인과 흑인의 혼합제를 실시하였다. 1948년에는 공군이 뒤를 따라 이 일을 감행하였다. 육군만이 아직 이것을 하지 않고 있었다.

전기轉機가 된 한국전쟁

그러자 1950년도에 한국전쟁이 돌발하였다. 공산주의의 침략의 앞에서는 인종차별의 중요성은 소멸하여버리고 말았다. 백인 군인과 흑인 군인의 차별대우가 폐지되기 시작한 것은 전투하는 한국의 전선에서였다. 이것이 점차 확장되어 갔다.

작년 10월 말까지 군대 내의 흑인 군인이 95 퍼센트가 혼합제의 실시를 받고 있게 된 것이라고 '존. A. 한나'

국방부 차관은 성명하였다.

현재 미국 육군 내에는 '웨스트 포인트'의 졸업생 22명을 포함하여 4천명의 흑인 장교가 있다. 공군에는 1천명 이상의 흑인 장교가 있다. 해군의 흑인 장교는 백 명쯤 모자란다. 선박내의 흑인 장교가 10명.

아직도 백인과 흑인의 혼합제가 명실 공히 완전하게 실시되기까지는 시간이 더 필요할 것 같다.

《군사軍事 다이제스트》1권 2호, 1954년 9월호

미국의 장정 소집 신 계획안
―징소집에 대한 미 국민의 태도

김수영 역

현역군인으로서의 군대생활 2년과 가정에 있어서 예비군 생활 2년과 매주일에 1회씩 훈련을 받아야 하는―6년. 이것이 미국 군부가 그들의 청년들에게 기대하고 있는 새 계획의 골자이다.

이 새 계획 하에서는 신체가 건강한 장정으로서는 한 사람도 병역의무에서 도피하지 못하게 되어 있다. 그러나 적령자의 연기제도는 계속 시행될 것이다.

이 신 계획안은 아직 결정적인 것은 아니며 아직도 연구와 검토와 의론의 여지가 많이 남아있는 것이므로 대체적인 윤곽만을 여기서 소개하기로 한다.

현재 이 신 계획안을 위요圍繞하고 있는 완강한 반대가 많으므로 적어도 앞으로 이것이 실현 단계에 오를 때에는 다소多少의 수정이 가하여질 것이 예상되는 바이다.

신 계획안의 목적

현역 군대와 예비군역에 대비하는 1955년도 미국 장정징소집계획안은 모든 청년을 한 사람의 이탈이 없이 흡수하기 위하여 점차 진행되고 있다 한다. 현재 판명된

신 계획안의 내용을 보면 이것은 결코 전 미국 국민의 총체적인 군대 훈련을 목적하고 있는 것은 아니다. 어디까지나 면제제도와 신체 불구자 류의 연기제도를 고려考慮에 넣고 계속적인 응소집 제도를 골자로 하여 수립한 것이라고 볼 수 있다. 이 신 계획 하에서도 역시 군대는 지원병을 환영하게 되어있다.

응소집자의 입장에서 볼 때 이 신 계획안이 종래와 다른 것은 응 소집자가 2년간의 현역 군대생활을 마친 뒤에 다시 현역 예비군으로써 계속 복무를 하지 않으면 아니 되는 점이다.

요컨대 이 신 계획의 목적은 퇴역군인들로 하여금 강력한 조직체의 예비군을 구성시키자는 데에 있다. 따라서 이 계획이 완성된다면 현역 군인 3백만 명 예비군인 3백만 명(이 예비군인도 항상 군대훈련을 받고 있어야 한다.) 도합 6만 명의 군인을 미국은 항상 보유하고 있게 되는 것이다.

그러나 이 신 계획안이 실현단계에 오르기까지는 아직도 많은 정치적인 애로를 극복하고 나가지 않으면 아니 될 것이고, 거기에 부수되는 수많은 세칙도 고안되어야 할 것이다.

새로운 소집 계획안

현하 미국에서 적용되고 있는 징 소집 법칙은 명년 6월 30일 한으로 무효가 될 것이다. 그 이전에 미국 국회는 새로운 징소집 법칙을 결정하지 않으면 아니 된다. 이 문제를 중심으로 현재까지 경주되어 온 새로운 제안은 '전 미국국민의 총체적인 군대 훈련안'이었다. 그러나 미국국회는 여기에 대하여 조금도 고려하는 빛을 보이지 않았으며, 흥미를 느끼는 기색조차 없었다. 선안先案에 대치하여 새로이 고안된 대안이 기간 부 복무를 위한 계속적 징소집제도이며, 일단 유사시에 긴급히 소집할 수 있는 예비군제도이다.

그러나 이 신 계획을 첫째로 반대하고 나선 것이 현존하고 있는 예비군 측에서 이었다. 신 계획안이 실시된다면 미국 각 주 국방군은 한층 더 미국 각 주의 국방군의 본질에 가까운 것이 될 것이며, 그들의 전체조직을 확대하여 현역 복무를 끝난 청년들로서 여기에 할당되는 청년과 또는 지원하여 들어오는 청년들을 수용하지 않으면 아니 되게 되는 것이다. 군대의 기타 단체의 예비군조직이 또한 확대되지 않으면 아니 될 것이다.

그러나 육군 예비군과 공군 예비군과의 사이에는 하등의 갈등이 없을 것이며, 한 편 각주 육군 국방군, 각주 공군 국방군과의 사이에도 원만한 타협이 성립된 것이다.

징소집 대상자

단지 약간의 지역에 있는 예비군 분대가 해산을 면치 못하게 될 것이다. 이들이 이 신 계획에 대하여 반대성을 올리고 있는 것이다. 이러한 예비군대 내에서 복무하고 있는 퇴역군인들의 문제가 또한 어려운 문제이다.

또 하나 신 계획안의 특색 있는 제안은 예비군 훈련에 등록하지 않은 사람은 누구를 막론하고 현역 군인으로 다시 복귀시키자는 것이다. 그러나 정부는 장래의 징 소집 대상자에게 이러한 압력을 가하는 것을 좋아하지 않는 눈치를 보일 것이다. 현하 미국에서 적용하고 있는 징 소집 제도의 복무기간은 도합 8년이다.

2년간의 현역 군대생활을 마친 뒤에 어느 예비군 분대에든 간에 입대하기를 요청하고 있다. 그러나 예비군의 현상을 볼진대 90만 명의 예비군 징집자 중에 실제 예비군에 가입하고 있는 자는 4만 5천명에 불과하다.

군대는 이러한 자들에 대하여 강제로 예비군에 가입할 것을 요청하지는 않았던 것이다. 일례를 들자면 그들은 이렇게 말하고 있다. 복무를 기피한 자에게 처벌을 규정하는 법규가 처벌을 규정하는 법규가 명확하지 않다고. 또한 군부만 하더라도 일반사회의 원한을 자아내는 것을 좋아하지 않고 있는 것이다.

계획안의 검토

신 계획 하에 있어서는 현역 복무 2년을 마친 후에 능동적인 예비군 — 소위 '소집 대기적' 예비군 — 복무기간의 6년 간 계속된다. 따라서 한 사람이 8년 간 군대에 복무하지 않으면 아니 된다. 그러나 현역 복무기간을 연장시킴으로서 그 대신 능동적 예비군 복무기간을 단축시킬 수는 있게 되어 있다. 직권적 특전을 가진 자에 한하여서는 '능동적 예비군'의 의무를 연장시킬 수도 있다. 여기에 있어서 예기할 수 있는 것은 공업가 측의 반대이다. 그들은 계속적이며 급속한 군대 소집으로 인하여 자기들의 공장 노동자들이 받아야 하는 타격을 두려워하고 있는 것이다. 따라서 그들은 필연코 이러한 집단 예비군제도에는 반기를 들고 나올 것이다.

이 신 계획 하에 있어서 민간요원으로서의 특징을 가진 청년은 기술동원부대나 특수예비군에 편입될 수 있을 것이다. 청년 과학자는 현역복무가 끝나자 직접 특수예비군으로 가게 될 것이다.

연기제도의 세칙을 규정하고 대부분의 기성조직체에 불만을 남기지 않도록 하기 위하여 이 신 계획안은 현재 국방성 동원과의 '아더. S. 프레밍'씨에 의하여 검토되고 있다.

봉쇄된 병역기피로

결국 미국의 징 소집제도로 말하자면 실질적으로 전국의 청년을 최소한도 2년간의 병역의무에 복무시키자는 점에 있는 것이다. 대부분의 병역 기피로는 이미 봉쇄되었다. 그러나 앞으로 장정들의 징소집이 원활히 진전되고 현역 군인 3백만 명을 일단 확보하게 되는 날에는 징소집을 지연하고 기피하는 기회도 이와 정비례하여 증가될 것이다.

신 계획안은 어디까지나 이러한 폐단을 단속하자는 데에서 출발한 것이라고 볼 수 있다. 이러한 철석같은 징소집 망을 세워놓은 뒤에 만약 소기所期 인원이 초과되는 경우에 복무기간 만 24개월에 미급한 군인이라도 그에게 제대를 명하는 따위의 너그러운 조치가 생길 것이다.

강력한 예비군과 치밀한 징소집제도가 그 목적이다. 그러나 이것은 국회와 공중을 앞에 놓고 심중히 취급할 문제이기도 한 것이다. 거반 11월 중간의 선거가 끝나기까지 이 문제는 관변측에 의하여 그리 탐탁하게 취급되지는 않았으나, 국회가 일단 이것을 취급할 때에는 이에 대하여 여러 가지 변경이 가하여질 것이다. 이에 대한 검토가 거듭될 것이다. 이리하여 이번에 행하여지는 신 계획안에 의거한 절차가 원활하게 진행될 것이다.

특히 현역복무 2년을 마친 뒤에 능동적인 예비군—소집 대기 중인 예비군의 복무기간 문제라든가 또는 민간요원으로서 특징을 가진 청년이라면 특수 예비군으로서—그밖에 모든 해당사항에 있어서도 적절하고도 너그러운 조치가 취하여질 것이다.

때문에 이번 신 계획 하에 있어서는 징소집 대상자로 하여금 사물에 대한 실상인實相人으로서 궤도에 오를 뿐만 아니라 자신들의 모든 위신을 보장하게 될 것이다.

《군사軍事 다이제스트》 1권 3호. 1954년 11월호

SEATO의 기본요건
—명일의 동남아세아

김수영 역

미국, 영국, 불란서, 호주, 뉴질랜드, 필리핀, 태국, 파키스탄 등 팔개 국에 의한 동남아세아방위기구 설립에 관한 '마닐라' 회의는 9월 1일부터의 예비회담을 거쳐 동 6일 폐막하여 8일에 정식 조인하였다.

태평양 방면에 반공적인 공동방위기구를 만들려하던 기운은 이미 1949년 춘기, 북대서양조약기구가 탄생하였을 무렵부터 태동하였던 것이다. 이것이 오늘까지 결실을 하지 못하고 있었던 것은 태평양 주변에 있는 제 국가의 사정이 북대서양 주변 국가군과 비하여 볼 때 너무나 판이하게 다른 점이 많았기 때문이다.

북대서양 조약 기구는 북대서양을 둘러싸고 종교, 문화, 의회정치, 생활양식을 동일하게 하고 있는 국가들이 소위 북대서양 공동사회를 토대로 하여 만들어진 것이지만 태평양 방면에 있어서는 공동방위 체재를 유효적으로 만들 수 있는 태평양 공동사회라고 할 수 있는 것이 존재하지 않았다.

금반 '마닐라' 회의 참가국 8개국 중, 태평양에 임하고 있는 미국, 호주, 뉴질랜드, 필리핀 태국, 파키스탄(이것은 인도양에 임하고 있다.) 이 6개국만 보더라도 각 국가 간에는 인종, 종교, 문화, 경제발달 정도, 정치의식, 풍속습관에 있어서 너무나 엄청난 차이가 있는 것이다.

이러한 애로를 의식하고 있는 미국이 금반 동남아세아 기구의 설립을 서둔 이유는 나변那邊에 있는가?

주지하는 바와 같이 인도지나 전쟁은 휴전이 되었지만, 여기에 기운을 얻은 공산주의 국가들이 인제 동남아세아와 극동에 대한 세력신장의 야욕을 발휘하여 침략을 개시하게 될는지 알 수 없기 때문이다.

우리는 공산국가들이 그리 간단히 아세아 혹은 극동에서 무력침략을 감행하리라고는 생각하지 않지만, 공산국가가 사태를 세계적 전쟁으로 발전시키지 않는 한도 내에 있어서, 구식민지적 지역에 혁명정열을 고취하고 내전을 유발誘發시키려는 따위의 책동을 하지 않으리라고는 단정할 수 없다.

여기에 있어서 동남아세아 공동방위 체재의 효율성을 생각할 때 최대의 결점은 아까도 발한 바와 같이 공동사회의 관념이 결핍하여 있다는 사실이다. 아세아 삼국을 제외하고는 참가국 5개국은 동남아세아의 국가가 아니다. 단지 밀접한 이해관계를 가지고 있다는 데 불과하다. 영국과 불란서만 하드라도 그들은 과거에 동남아세아에 식민지정책을 사용한 나라이다.

이러한 정세 하에 있어서 동남아세아 공동방위 체재가 북태평양조약기구에 있어서와 같이 일국에의 공격이

전 가맹국가에 대한 공격처럼 규정이 내려지고 그 결과 자동적인 참전이 재래齎來될 수 있는 따위의 의무를 기대하기는 곤란할 것이다. 미국과 영국은('필리핀'과 태국의 요청이 있었음에도 불구하고) 자동적 참전의 의무를 규정하지 않고 '앤저스' 조약과 같이 모든 일을 가맹국의 협의를 거쳐서 결정 지우자는 방침을 세울 것 같다고 하는데 이것은 역시 불가피한 일이라고 생각되는 것이다.

또 하나의 결점은 동남아세아방위기구의 가장 큰 '결속의 동인動因'의 하나라고 볼 수 있는 '자유 수호'의 정신에 있어서 서구 측 국민과 아세아 3국 국민과의 사이에는 커다란 간격이 있다는 것이다. 단적으로 말하자면 이상 3국 국민들이 '자유의 보람'을 전부 해득解得하고 있다고 말할 수 없다. 봉건적인 관습이 강하며, 자유의 보람이나 혜택을 체득體得할 수 있을 만큼 그들은 경제적으로 유족裕足하지도 못하다.

북대서양조약은 '외부에서부터의 공격'에 대비하면 충족하지만 동남아세아조약은 '내부에서의 적'에 대비하지 않으면 아니 된다고 생각한다.

경제와 교육을 진흥하는 강력한 시책이 그들의 배후에 있지 않으면 아니 된다.

그리고 동남아세아 방위 체재의 발전은 실로 장구한 시간과 곤란과 벅찬 노력이 있어서 비로소 이루어질 수 있을 것이라고 생각된다.

《군사軍事 다이제스트》 1권 3호. 1954년 10월호

제 3 부

제 1 장

서평

초현실과 무 현실
— 김종문시집 『불안한 토요일』을 읽고

김수영

이 시집은 좋은 의미에 있어서도 나쁜 의미에 있어서도 한정된 독서를 위한 것이다. 시를 읽는 사람이란 어느 시대를 막론하고 그렇게 많은 것이 아니다. 문학이라는 것이 그 중에도 특히 시라는 것이 제대로 대접을 받아본 시대란 없다고 하여도 과언이 아니다.

그러한 의미에서 시인이란 누구보다도 고독하고 구차하고 동떨어져 있는 것 같이 보인다. 그 시인이 진정한 시인의 경우에 그러한 시대적 박해는 더한층 심하여지는 것은 숨길 수 없는 사실이다.

그러나 지금 여기서 『불안한 토요일』이라는 김종문의 장 시집을 앞에 놓고 한정된 독자라고 말하는 것은 시 본래의 성격과 숙명에서 오는 한정된 독자를 말하는 것이 아니라 이 『불안한 토요일』만이 가지고 있는 한정된 독자를 말하는 것이다. 결국 『불안한 토요일』은 한정된 독자 중에도 또 하나 한정된 독자를 가지고 있다. 즉 이 이중의 원주圓周안에 가지고 있는 독자란 문화인 중에도 문학인, 문학인 중에도 시인, 시인 중에도 특수한 시인이다. 나는 구태여 특수한 독자를 상대로 하지 않으면 아니 되는 고독한 이 시인에 대하여 책망을 하고 싶은 마음은 추호秋毫도 없다.

오히려 이 『불안한 토요일』 이상으로 난맥亂脈한 시풍이 범람할 수 있는 불행한 시대에 대하여 이 나라의 문학인은 어디까지 우둔愚鈍할 작정인가 하는 것을 생각할 때에 그저 아연할 따름이다. 기형적인 문학을 향하여 낡은 문학이라고 나무라는 것은 쉬운 일이며 또한 그렇게나 하는 그 자체가 벌써 낡은 일이라고 나는 믿고 있다. 새삼스럽게 말하자면 이 시집이 기형적이고 낡은 것이라는 비난을 받을 것이라는 전제 아래에서 우리는 그의 책임이 이 시인 한 사람에게만 부과될 성질의 것이 아니라는 것을 잘 알고 있다. 적어도 『불안한 토요일』을 읽을 만한 시인 문학가를 포함한 모— 든 독자에게 문학적 연대책임이 있는 것이다.

이 시집의 저자가 앞으로 어떠한 시의 경력을 더듬어 갈는지 이 시집 한 권만을 보고는 나로서는 조단早斷하기 어려우나 참으로 그의 시가 현실과 마주쳐서 치열하고 진실한 대결을 작품 위에 나타내기까지는 무수한 '천국'과 '지옥'을 돌아 나아갈 것이며 또한 그가 이 '불안한 토요일'에 대하여 온건한 객관성을 가지게 되는 날 비로소 그는 『불안한 토요일』이 저지른 상처가 자기가 예상것 보다도 훨씬 더 치명적이었다는 것을 느끼게 될 것이다. 젊은 방랑을 운운하기 전에 방랑의 방향을 운운하지 않으면 아니 되게 된 것도 엄연한 시대의 명령이 아닐 수 없다.

방랑의 방향이라는 어구가 우스꽝스럽게 들릴 정도로 현대는 우스게스러운 시대가 아닐 것이기에 젊은 기형적 문학과 그에 대한 정신의 낭비를 덜어주기 위하여 이에 대한 책임의 일부 혹은 전부를 담당할 수 길이란 문학을 업으로 삼는 사람을—하루바삐 진정한 현대의 대변자—보다 좋은 대변자가 됨으로써 적어도 이 나라의 사실주의문학이 만족시키고 있지 못하는 부분의 양을 격멸激滅시키는 길 밖에는 없을 것이라고 생각한다.

미숙하고 젊은 이 장 시집이 이러한 현대의 구미에 맞는 사실주의 문학(이름 같은 것은 아무래도 좋다)의 진공상태에 대하여 잠자는 못을 보고 던지는 조그마한 돌 조각같이 그가 일으킬 수 있는 최대한의 파문을 일으킴으로써 이 시집 출판의 의의와 이 젊은 시인의 생명이 영원히 살아있기 바란다.

(백조사白鳥社 간행. 3백부 한정판.)

〈태양신문太陽新聞〉 1953년 11월 5일

운명의 노출
—한하운시집韓何雲詩集 『보리피리』를 읽고

김수영

'보리피리'의 목가적牧歌的인 향기도 좋지만 '답화귀踏花歸'가 품은 이지러진 비애감悲哀感이 이 시인의 생명감으로서의 더 한층 가까운 것을 담고 있는 것 같으며 '인골적人骨笛' '관세음보살상'에서 보이는 초탈超脫과 원죄를 취급한 것보다도 오히려 인간적인 맛이 있어 좋아 보인다.

이 시인이 남다른 불행한 운명(나병癩病)에 처해있는 것을 생각할 때 그가 자기의 숙명을 뚫고 구원을 얻으려는 처절한 분투 끝에 새로운 광명을 받는다면 그것도 좋은 일이지만 작품으로 생각한다면 열반과 초탈의 경지에 쉽사리 안심安心 입명立命하는 것보다는 역시 피투성이가 되어서 싸워가는 '답화귀' '나는 문둥이가 아니다' 등의 일련의 작품들에 친근감을 느끼게 된다.

'인골적' '관세음보살상' 같은 데도 역시 구원된 시가 아니고 구원을 바라는 시이며 아직도 주저와 '가시'가 빠지지 않고 있다. 이러한 숙명적 주저감과 '가시'가 이 시집의 거의 전 작품을 통하여 패기 있고 조잡한 감을 주고 있다. 그리고 보면 '무지개' 같은 데에 나타나는 전아典雅한 정신이 이 시인의 귀중한 일면이며 앞으로도 아껴가야 할 가치 있는 것이 아닌가.

'양자강揚子江' '인골적' 등에서 보는 넓은 면을 생각할 때 '나는 문둥이가 아니다'의 처참한 고통을 생각할 때 좀 더 깊이 자기의 세계를 파고 들어갈수록 그는 운명의 세련을 얻을 수 있을 것이라고 보며 종교적인 구원을 얻기 전에 우선 시인으로서 구원을 겪어야할 것이라고 본다.

시인이란 정도와 형태의 차는 있을망정 모두가 다 어떠한 종류의 병든 사람이다. 그러면서 오늘은 시인의 병을 노출시킨 작품을 환영하지 않는다. 그것은 오늘의 시인이란 인류의 거창巨創한 병을 치유治癒해야 할 임무를 가진 사람이기 때문이다. 시인이 자기의 개인적인 병을 고치고 인류의 병과 맞서고 나왔을 때 비로소 현대시의 출발이 시작되었던 것이다.

(인간사人間社 판 정가 350원)

〈평화신문平和新聞〉 1955년 4월 19일

김수영 시집 『달나라의 장난』 평론

이철범李哲範

다음은 김수영 씨의 '달나라의 장난'이다.

나는 한 마디로 이 시인을 가리켜 생활의 시인이라고 부르고 싶다. 바로 생활 속에다 카메라의 앵글을 돌려서 조용히 사색한다. 때로는 자기와 비슷한 이웃 속으로 돌리기도 한다.

어쩌면 모든 사람이 쓸모없다고 버리고 간 바로 그것을 이 시인은 잡고 생각하는 것이다. '이것이 정말 쓸모없는 것일까.' 그렇기 때문에 인간생활 속에서 그 밝은 부분보다 언제나 그림자 낀 화려한 눈엔 가리워져 보이지 않는 면을 읊고 있다. 그 속에서 진실을 찾는다. 시력을 잃지 않는 지性의 건강이 이 시를 지탱하고 있다.

여편네와 아들놈을 데리고
낙오자落伍者처럼 걸어가면서
나는 자주 허허 웃는다
무위無爲와 생활의 극점極點을 돌아서
나는 또 하나의 생활의 골목 속으로 들어서면서
이 골목이라고 생각하고 무릎을 친다

생활은 고절孤絶이며
비애이었다
그처럼 나는 조용히 미쳐간다
조용히 조용히…… '생활'에서

이렇게 그는 관념적인 생활이 아니라 실제 우리가 겪는 거미줄 같은 생활의 단면에서 그 뚜렷한 눈은 더 이상 바라볼 수 없었는지는 모른다. 이런 류의 시와 함께 아주 에리뉴 급 색으로 짠 시 '비'와 함께 깊은 사색의 숲을 보여주는 '도취의 피안彼岸', '달나라의 장난', '꽃' 등은 참으로 우리나라의 현대시가 어떤 것인가를 보여주면서 시정신의 찬란한 광선을 느끼게 한다.

〈영토를 쌓는 30대의 시인 — 김춘수. 김수영. 전봉건의 시집〉에서 발췌함.

〈평화신문平和新聞〉 1960년 1월 16일

서평

— 김수영 편역 〈세계일기전집〉

천상병千祥炳

'세계일기전집'의 상권이 코리아 사 간행으로 초여름의 서점을 장식하고 있다. 이 전집에는 수십 명의 역사적 인물들의 일기를 수록하고 있는데 문화 수학자數學者 정치가 기타 각 방면의 인사들의 위대한 사상과 업적의 기초가 된 그들의 정신적 순금純金이 각 페이지마다 번쩍이고 있다.

이 책을 읽으면서 우리는 무엇을 생각할 수가 있고 마음의 양식을 얻을 수 있다. 원래 일기란 일상생활에 있어서의 일반적 면에서도 노골적인 정신의 표현이며 작업이다. 자기 자신의 정신의 광맥을 캐고 들어간 그 일기에는 어느 커다란 책 한 권에서 발견할 수 있는 정신을 그 어느 한 구절에서도 보게 된다.

그 일기의 전형을 이 전집은 보여줄 뿐만 아니라 각 시대의 생활양식이나 사고방식 등을 아주 쉽게 알고 즐기게 하여 준다. 위대했던 사람들이 지낸 일상생활을 눈으로 바로 보는 것 같고 그들의 사상의 근저根底를 이룩한 정신의 가장 밑바닥의 움직임을 여실히 나타내고 있다. 그러한 인물들의 진심과 하루하루의 생활이 우리들의 그것과 별로 차이가 없었다는 것을 아는 것도 즐겁다.

역문도 원문을 잘 살려 평이平易하고 책 장정도 아름답다. 첫 장부터 반드시 읽지 않고 아무렇게 펼쳐보아도 마음 따뜻한 이 전집의 간행을 기뻐한다.

〈평화신문平和新聞〉 1959년 7월 8일

독자와 편지
— 김수영씨의 '와선臥禪'을 읽고

김봉수金奉洙

시인 김수영 씨의 글 '와선臥禪'(1월 9일자 '서사여화書舍餘話') 을 읽고 음악가 '헨델'에 대해 잘못된 점이 있어 감히 펜을 들었다. 씨는 '헨델'의 음악을 '베토벤'과 대조시켜 음이 음을 잡아먹는다 했고 소름 끼치는 낙천주의 음악이라 했을 뿐만 아니라 인상에 남는 음이 하나도 없다고 했다. 또 망각의 음 그것도 완전무결한 망각의 음이라고 못을 박았다.

물론 음악을 듣고 느끼는 감정은 각각 다르겠지만 그 음악의 테마나 내용 또는 그 음악이 차지하고 있는 영역 안에서만 가능할 것이다.

이런 점에서 음악가든 음악 애호가든 간에 섭섭한 생각을 갖지 않을 수 없다. '헨델'이 작곡한 '오라토리오' 형식으로 되어있는 '메시아'는 탄생. 수난. 부활 이렇게 3부로서 전부 53장으로 구성된 대곡大曲인데 그 중에서 제일 유명한 것은 '할렐루야' 코러스일 것이다. 심연心淵으로 파고드는 이 장엄하고 감동적인 합창이 어째서 음이 음을 잡아먹는지, 또 소름이 끼치는 낙천주의 음악인지 필자로서는 이해가 가질 않는다.

'메시아'의 결말을 맺는 아주 감명 깊은 합창인 '아멘 코러스'가 망각의 음이 되는지 또한 의아스럽다. 이러한 대곡大曲을 말고라도 누구나 다 알고 있는 비교적 짧은 감미로운 멜로디 '라르고'가 있다. 호수에 비치는 달빛과 같이 뇌리腦裏를 스쳐가는 잔잔한 선율이 왜 인상에 남는 멜로디가 아닌지.

'헨델'의 '메시아'를 처음 영국에서 발표할 때 영국 왕은 감격에 넘쳐 연주 중에 전全 청중과 함께 친히 일어섰다고 한다. 그 뒤 이 음악이 연주될 때마다 전 청중의 기립은 의례적 관례가 돼있는 것으로 알고 있다. 이 음악의 성스러움이 잘 나타나있다.

끝으로 '피카소'의 그림이 형이상학적인 것과 같이 '헨델'의 음악도 보다 높은 차원에서 이해되지 않으면 안 될 줄로 안다.

〈동아일보東亞日報〉 1968년 1월 18일

제2장

좌담

한국적 비애 이것 저것
—김이석金利錫 씨 급서急逝를 슬퍼하며

정담鼎談: 김송金松, 안수길安壽吉, 김수영金洙暎

작가 김이석 씨의 급서를 계기로 문인과 생활문제가 한국 문화가에서 다시 논의의 대상이 되고 있다. 이에 고인과 친분이 두터웠던 소설가 김송 씨, 안수길 씨, 시인 김수영 씨, 세분의 정담을 통해 한국 작가들의 어제와 오늘의 '문학 활동과 생활' 문제를 듣는다.

신문소설도 쓰는 동안뿐

김수영: 신문소설을 쓰는 작가는 생활이 괜찮다고 하지만 그것도 쓰는 동안뿐이죠?

안수길: 그렇죠, 그것을 쓰는 동안만은 생활이 해결되지만 끊어지면 그날부터 다시 곤란하게 되는 거죠. 연재를 쓰려면 취재도 해야 되고 섭양攝養도 필요하고……. 생활비가 더 들게 되거든요.

김수영: 김이석 씨만 해도 작가로서는 괜찮은 위치에 있는 분이었는데 결국 생활에 쫓긴 과로 때문에 급서를 했다고 할 수 있는 게 아닙니까?

김송: 나는 이웃에서 사정을 잘 아는데 요즘은 그래도 나아졌던 거예요. 2, 3년 전만 해도 DP점이라도 해야겠다는 말을 했었죠. 그 전의 경험이 있다고.

김수영: 김이석 씨의 경우, 이번 달만 하더라도 연재 말고 《문학춘추》와 《현대문학》에도 단편을 한 편씩 쓰고 또 기관지 같은 데도 원고를 쓰고 있던 모양인데요.

김송: 결국 우리나라에서 소설로 생활을 해결하는 작가는 3, 4명 정도에 불과하죠.

가난한 시인 직업전선에

안수길: 그런 점, 시인은 더 하죠.

김수영: 시인은 어느 나라나 마찬가지니까요. 그래 대개 직업을 가지죠. 물론 내 생각으로는 시인도 직업을 안 갖는 게 이상적이긴 한데요.

안수길: 해방 전 작가들은 더 비참했지요. 춘원 같은 이가 비교적 문학생활을 원만히 했을 뿐이고 방인근, 김동인 씨는 문학 하느라고 있는 땅을 다 팔아버렸어요.

김송: 최서해(학송)같은 이는 굶어죽다시피 했어요.

안수길: 해방 전에는 작가들이 요절하는 일이 많았는데 나는 그 원인 중의 하나가 생활에 있었다고 봐요. 김유정이나 이상 같은 경우도……. 그런 면으로 우리는 해방 전 물고 작가에 비하면 나은 셈이죠.

출판사 많아 돈버는 외국

김수영: 외국의 경우는, 미국만 하드라도 출판사가 많으니까 이름 안 난 사람이라도 책을 출판하기가 쉬운 모양예요. 때로는 출판사가 작품 수정의 조건을 내놓지만 그것만 수락하면 작가 생활은 비교적 괜찮은 것 같아요.

안수길: 일본만 해도 신인이 '개천芥川 상'이나 '직목直木 상'을 수상하면 이미 작가로서의 탄탄대로가 다져지거든요. 그런데 우리는 동인문학상을 타보았댔자 별수 없어요. 단행본이 나와도 최소한 수만 내지 10만부는 팔려야 취재여행도 다니고, 김이석 씨처럼 몸이 좀 이상하면 입원도 하고 할 텐데…….

작품 안 읽는 한국 상류층

김수영: 그 원인은 결국 한국의 독서인구가 적기 때문이라고 하겠지요.

김송: 한국의 독서층은 중산계급이라고 하겠는데 어떤 면으로 지금은 중산층이 세궁민으로 몰락해서

독서를 할 여유가 없어요. 그렇다고 상류층은 그들대로 문학작품을 거의 읽지 않고 있고…….

안수길: 책을 안 읽는다는 것은 하나의 습성이 되고 있어요. 그 전엔 학생들이 '리포트'를 내기 위해서도 책 한 권씩 쯤은 샀거든요. 그런데 요새는 한 권 사가지고 여럿이 나눠 봐요(웃음).

김송: 그러면 그런 핍박 속에서 문학은 왜 하느냐?는 회의懷疑가 생기는데…….

김수영: 그게 중요한 문제입니다. 나는 예술인 문학이 모든 문화의 중추적 역할을 한다고 생각해요. 현대의 가장 큰 문제가 '기아飢餓', '핵무기', '인간소외'라고 합니다. 이 인간소외라는 것으로 말미암아 지금 인간들 사이의 인간적인 소통疎通이 없어져가고 있어요. 그 소통을 가능케 해야 하는 것이 문학작품입니다. 적어도 그런 사명감을 문학은 가지고 있다는 점에서 중요합니다.

김송: 외국에서는 작가기금 같은 것이 있다고 들었는데.

김수영: 미국에는 '구겐하임'이나 '포드' 재단 같은 데서 작가기금을 내기도 하고 또 독지가들이 '작가의 마을' 같은

것을 만들어 작가가 그곳에 가서 반년이고 1년이고 생활하면서 작품을 쓰게 하는 예도 있다고 합니다. 그리고 불란서에도 그 전부터 귀족부인 같은 이들이 '파트론'이 되어 작가나 예술가의 경제적 후원을 해준 경우가 많습니다.

안수길: 재벌들도 외국재벌들은 그렇게 멋을 알아요. 우리나라는 그런 멋을 아는 부자가 드물단 말예요. 작가에게 안심하고 작품을 쓸 수 있을 만큼 경제적 원조를 해놓고, 작품을 쓰도록 해줘 봐요. 만일 그 소설에 약품이고 화장품이고 관광얘기가 나오면 자연스럽게 자기들의 사업선전도 될 게 아녜요?

김수영: 좀 더 먼 안목을 갖지 않았다고 할 수 있겠죠.

김송: 재벌은 그렇고 작가를 가장 이해해야 할 출판사도 그래요. 심지어 10원, 20원짜리 원고료로 작가를 혹사하려고 드는 일조차 있습니다. 원고료는 최하 80-100원은 주어야겠어요.

김수영: 고료뿐 아니라 번역도서의 선택부터가 전혀 출판사의 일방적인 의사에서 결정되는 일이 대부분입니다. 그래서 나는 한편으로 그런 한국의 시인이나 소설가가 용하다고 생각해요. 나부터도 1년 내내 여행 한번 안 하고

시를 쓴다고 하니…….

도서관법을 곧 시행해야

안수길: 그러면 작가의 생활을 낫게 하는 직접적인 방법은 우선 원고료인상이라고 할까요?

김송: 원고료 인상도 그렇지만 독자대중을 늘이는 일이 따라야합니다. 책이 많이 팔리면 고료나 인세가 인상될 수 있지 않을까요?

안수길: 그런 뜻에서 신간서적을 꼭 사도록 규정한 도서관법이 시행이 곧 되도록 해야 할 거예요.

김수영: 정부가 우선 할 수 있는 일은 도서관법의 시행이겠군요.

〈조선일보朝鮮日報〉 1964년 9월 23일

제 4 부

저술 목록

이 목록은 본책 미수록 원고를 발굴한 김종욱이 가나다 순順으로 정리한 목록이다. 작품 옆의 면수는 『김수영 전집』(민음사, 2003)에 수록된 면수를 표기한 것이며, 이영준 교수가 엮은 『김수영 육필시고 전집』(민음사, 2009)에 수록된 '작품 연보'의 오류를 밝혀 괄호 안에 묶었다.

1. 시편詩篇

65년의 새해, p.298, 〈朝鮮日報〉 1965년 1월 1일.
H, p.318, 출처미상.
PLASTER, p.68, 〈平和新聞〉 1954년 8월 2일.
VOGUE야, p.341, 《創作과 批評》 1969년 여름호.
X에서 Y로, p.292, 《思想界》 1965년 3월호.
〈4.19〉시, p.217, 〈民族日報〉 1961년 4월 19일.
(〈民國日報〉 1961년 4월 14일 — 오류)
가까이 할 수 없는 서적書籍, p.20, 《民聲》 1949년 11월호.
가다오 나가다오, p.196, 《現代文學》 1961년 1월호.
가옥家屋 찬가讚歌, p.162, 《自由文學》 1959년 10월호.
강가에서, p.290, 《現代文學》 1964년 8월호.

거대巨大한 뿌리, p.285, 《思想界》 1964년 5월호.
거리 1, p.88, 《現代文學》 1955년 7월호.
(「일」로 발표했으나, 『전시戰時 한국문학韓國文學 선選』에 「거리 1」로 1955년 6월에 수록)
거리 2, p.95, 《思想界》 1955년 9월호.
거미, p.64, 1954년 10월.
거미 잡이, p.195, 《現代文學》 1960년 9월호.
거위 소리, p.289, 《現代文學》 1964년 8월호.
거짓말의 여운餘韻 속에서, p.346, 《創作과 批評》 1969년 여름호.
격문檄文, p.222, 《思想界》 1962년 1월호.
공자孔子의 생활난生活難, p.19, 『새로운 都市와 市民들의 合唱』, 1949년 4월.
광야曠野, p.136, 《現代文學》 12월호, 〈朝鮮日報〉 1958년 9월 30일 재발표.
구라중화九羅重花, p.54, 〈東亞日報〉 1955년 1월 7일.
구름의 파수병把守兵, p.112, 1956년.
구슬픈 육체肉體, p.70, 《新太陽》 1954년 11월호.
국립도서관國立圖書館, p.93, 1955년 8월 17일.
그것을 위하여는, 〈聯合新聞〉 1953년 10월 3일.
그 방房을 생각하며, p.205, 《思想界》 1961년 1월호.
금성金星라디오, p.333, 《新東亞》 1966년 11월호.
긍지矜持의 날, p.76, 《文藝》 1953년 9월호.
기도祈禱, p.184, 1960년 5월 18일.
기자記者의 정열情熱, p.109, 1956년.
김일성金日成 만세萬歲, 1960년 10월 6일.
깨꽃, p.274, 1963년 4월 6일.
꽃, p.140, 《民生報》 1949년 8월호.
꽃, 〈東亞日報〉 1960년 2월 14일. (1957년 11월 □일은 오류)

꽃 2, p.125, 《文學藝術》 1956년 7월호.
꽃잎 1, p.348, 《現代文學》 1967년 7월호.
꽃잎 2, p.349, 《現代文學》 1967년 7월호.
꽃잎 3, p.351, 《現代文學》 1967년 7월호.
나가타 겐지로永田絃次郎, p.207, 1960년 12월 9일.
[〈民國日報〉(1961년 2월 27일) 첫 발표, 《연세문학》 2호(1961년 7월 25일 발행)에 재수록. 1960년에 한국일보에 발표되었다는 것은 오류]
나는 아리조나 카보이야(동시), 1960년 7월 15일, p.193, 출처미상.
(《現代文學》 1960년 9월호 — 오류, 《現代文學》 1960년 9월호에는 〈거미 잡이〉가 수록되어 있음)
나비의 무덤, p.73, 〈東亞日報〉 1955년 6월 24일.
나의 가족家族, p.61, 『전시 한국문학선』, 1955년 6월, 《詩와 批評》 제2집 1956년 8월호 재수록.
너는 언제부터 세상과 배를 대고 서기 시작했느냐, p.91, 1955년.
너를 잃고, p.47, 1953년.
네 얼굴은(유고), p.337, 〈東亞日報〉 1968년 6월 20일, 《創作과 批評》 1969년 여름호 재수록.
네이팜 탄, p.101, 《新太陽》 1955년 6월호, 《現代文學》 1955년 7월호.
누이야 장하고나!, p.235, 《思想界》 1962년 1월호.
누이의 방, p.238, 《思想界》 1962년 1월호.
눈, p.123, 《文學藝術》 1957년 4월호.
눈, p.208, 1961년 1월 3일.
눈, p.322, 《韓國文學》 1966년 6월호.
달나라의 장난, p.32, 《自由世界》 1953년 4월.
달밤, p.157, 《現代文學》 1959년 8월호.
더러운 향로香爐, p.65, 1956년 2월 9일.
도적盜賊, p.334, 《世代》 1966년 11월호.

도취陶醉의 피안彼岸, p.57, 《靑春》 1955년 1월호, 〈平和新聞〉 1957년 12월 24일.
돈, p.277, 《知性界》 1호, 1964년 8월호.
동맥冬麥, p.151, 《思想界》 1959년 2월호.
동야凍夜, p.172, 《現代文學》 1960년 3월호.
등藤나무, p.225, 《現代文學》 1961년 12월호.
라디오 계, p.360, 1967년 12월 5일.
마아케팅, p.254, 1962년 5월 30일.
만시지탄晩時之嘆은 있지만, p.191, 《現代文學》 1961년 1월호
만용蠻勇에게, p.270, 《自由文學》 1963년 2월호, 「장시」 중 3으로 발표.
만주滿洲의 여자, p.259, 《思想界》 1962년 11월, 文藝增刊號.
말—K. M에게, p.146, 1958년.
말, p.294, 《文學春秋》 1965년 2월호.
말복末伏, p.164, 〈世界日報〉 1958년 8월 11일.
먼 곳에서부터, p.242, 1961년 9월 30일.
먼지, p.364, 《現代文學》 1968년 4월호.
모르지?, p.231, 《現代文學》 1961년 12월호.
모리배謀利輩, p.154, 《新天地》 1959년 5월호.
묘정廟庭의 노래, p.17, 《藝術部落》 2호, 1946년 3월호.
미농인찰지美濃印札紙, p.356, 1967년 8월 15일.
미숙未熟한 도적盜賊, p.49, 1953년.
미스터 리에게, p.173, 《韓國詩壇》 1집, 1960년.
미역국, p.306, 1965년 6월 2일.
미인美人, p.363, 1967년 12월.
바뀌어진 지평선地平線, p.104, 《知性》 1958년 6월호.
반달, p.278, 《現代文學》 1964년 8월호.
반주곡伴奏曲, p.167, 《思想界》 1958년 8월호.
밤, p.150, 〈東亞日報〉 1958년 11월 26일.

방안에서 익어가는 설움, p.59, 1954년 8월 10일, 《希望》 1954년 11월.

백의白衣, p.119, 1956년 3월.

백지白紙에서부터, p.250, 〈東亞日報〉 1962년 4월 24일.

병풍屛風, p.122, 《現代文學》 1956년 2월호.

복중伏中, p.233, 《現代文學》 1961년 12월호.

봄밤, p.130, 《現代文學》 1957년 12월, 〈朝鮮日報〉 1959년 3월 17일 재수록.

부탁付託, p.38, 『1953 年刊詩集』 1954년 9월.

비, p.143, 《現代文學》 1958년 6월호.

사랑, p.211, 《東亞日報》 1960년 1월 31일.

사랑의 변주곡變奏曲, p.343, 《現代文學》 1968년 8월호.

사령死靈, p.158, 《新文藝》 1959년 8·9월 합병호.

사무실事務室, p.114, 1954년(?).

사치奢侈, p.148, 《思潮》 1958년 11월호.

생활生活, p.155, 1959년 4월 30일.

서시序詩, p.135, 《思想界》 1957년 8월호.

서책書册, p.80, 1955년, 〈中央日報〉 1956년 5월 21일.

설사의 알리바이, p.331, 《文學》 6호, 1966년 10월호.

성性, p.367, 《創作과 批評》 1968년 가을호.

세계일주世界一周, p.358, 《現代文學》 1968년 4월호.

수난로水煖爐, p.86, 《文學藝術》 1956년 7월호.

술과 어린 고양이, p.229, 《現代文學》 1961년 12월호.

시詩, p.246, 1961년.

시詩, p.288, 1964, 《現代文學》 1965년 7월호.
(《現代文學》 1965년 7월호 — 오류, 1965년 7월호에는 「현대식現代式 교량橋梁」이 게재되어 있음)

시골 선물膳物, p.52, 신문에 발표, 1954년 1월 1일 탈고.

식모食母, p.323, 1966년 2월 11일.

신新 귀거래歸去來 5편, 《現代文學》 1961년 12월호.
(부제 「여편네의 방에 와서」, 「신 귀거래 1」)
신 귀거래 2 (「격문檄文」), 《思想界》 1962년 1월호.
(《思想界》 1967년 2월 발표 — 오류)
신 귀거래 3 (「등藤나무」), 《現代文學》 1961년 12월호.
신 귀거래 4 (「술과 어린 고양이」), 《現代文學》 1961년 12월호.
신 귀거래 5 (「모르지?」), 《現代文學》 1961년 12월호.
신 귀거래 6 (「伏中」), 《現代文學》 1961년 12월호.
신 귀거래 7 (「누이야 장하고나」), 《思想界》 1962년 1월호.
(「신 귀거래 6」으로 발표)
신 귀거래 8 (「누이의 방」), 《思想界》 1962년 1월호.
(「신 귀거래 7」로 발표)
신 귀거래 9 (「이놈이 무엇이지?」), 《思想界》 1962년 1월호.
(「신 귀거래 8」로 발표)
싸리꽃 핀 벌판, p.171, 1959년 9월 1일.
쌀 난리, p.212, 〈民族日報〉 1961년 2월 13일.
아메리카 타임 지誌, p.22, 〈中央日報〉 1948년 12월 25일, 『새로운 都市와 市民들의 合唱』, 1949년 4월.
아버지의 사진, p.20, 1949년.
아침의 유혹誘惑, p.31, 〈自由新聞〉 1949년 4월 1일.
아픈 몸이, p.243, 1961년.
애정지둔, p.35, 1953년.
어느 날 고궁古宮을 나오면서, p.313, 《文學春秋》, 1965년 12월호
엔카운터 지誌, p.326, 《韓國文學》 1966년 9월호.
여름 뜰, p.115, 《現代公論》 1954년 8월호.
여름 밤, p.354, 《世代》 1967년 9월호.
여름 아침, p.117, 〈東亞日報〉 1956년 8월 23일.
여수旅愁, p.248, 《現代文學》 1962년 7월호.

여자女子, p.276,《思想界》1963년 12월, 1964年度 文藝增刊號.

여편네의 방에 와서, p.220,《現代文學》1961년 12월호.
(부제「新 歸去來 1」)

연기煙氣, p.99, 1955년.

연꽃, 1961년 3월.

영교일靈交日, p.138,《自由文學》1957년 10 · 11월 합병호.
(1958년 — 오류, 최하림은 이 작품 탈고연대를 1959년으로 잘못 기록하고 있음. 원본은 1957년 11월로 보임)

영롱玲瓏한 목표目標, p.27,〈自由新聞〉1956년 1월 1일,《文學藝術》1957년 4월.

영사판, p.78, 1955년.

나가타 겐지로永田絃次郞, p.207,〈民國日報〉1961년 2월 27일,《延世文學》2집 1961년 7월 재수록.

예지叡智, p.133,《現代文學》1957년 1월호.

우리들의 웃음, p.282,《文學春秋》1964년 4월 創刊號.

우선 그놈의 사진寫眞을 떼어서 밑씻개로 하자, p.179,《새벽》1960년 5월호.

웃음, p.24,《新天地》1947년 5월호. (1950년 1월호 — 오류)

원효대사元曉大師, p.369,《創作과 批評》1968년 가을호.

육법전서六法全書와 혁명革命, p.187,《自由文學》1961년 1월호.

음악音樂,《民主警察》21호, 1950년 2월호.

의자椅子가 많아서 걸린다, p.372,《思想界》1968년 7월호.

이한국문학사이韓國文學史, p.316,《韓國文學》1966년 6월호.

이虱, p.23,《民聲》1949년 2월호.

이놈이 무엇이지?, p.240,《思想界》1962년 1월호.

이사移舍, p.293,《新東亞》1964년 12월호.

이혼취소離婚取消, p.320,《創作과 批評》1969년 여름호.

일,《現代文學》1955년 7월호.「거리 1」.

자(침척針尺), p.126, 《文學藝術》 1956년 11월호.

자장가, p.153, 《現代文學》 1959년 3월호.

잔인殘忍의 초, p.312, 《漢陽》 1965년 10월호.

장시長詩 1, p.262, 《自由文學》 1963년 2월호.

장시長詩 2, p.265, 《自由文學》 1963년 2월호.

적敵, p.252, 《新思潮》 1962년 7월호.

적 1, p.308, 《韓國文學》 1966년 3월호.

적 2, p.309, 《韓國文學》 1966년 3월호.

전향기轉向記, p.268, 《自由文學》 1962년 5월호.

전화電話 이야기, p.329, 《韓國文學》 1966년 9월호.

절망絶望, p.256, 1962년 7월 23일.

절망絶望, p.311, 《韓國文學》 1966년 3월호.

제임스 띵, p.302, 《文學春秋》 1965년 4월호.

조국祖國에 돌아오신 상병포로傷兵捕虜 동지同志들에게, p.40, 1953년 5월 5일.

조그마한 세상의 지혜知慧, p.160, 《詩와 批評》 1956년 8월호. (《詩와 批評》 1959년 — 오류)

죄罪와 벌罰, p.281, 《現代文學》 1963년 10월호.

중용中庸에 대하여, p.200, 《現代文學》 1961년 1월호.

지구의地球儀 외 2편, p.124, 《文學藝術》 1956년 7월호.

참음은, p.284, 《現代文學》 1964년 4월호.

채소밭 가에서, p.132, 《現代文學》 1957년 12월호.

초봄의 뜰 안에, p.141, 1958년, 《自由世界》 1958년 5월호.

토끼, p.26, 《新京鄕》 1950년 6월호.

파리와 더불어, p.174, 《思想界》 1960년 3월호.

파밭 가에서, p.169, 《自由文學》 1960년 5월호.

파자마 바람으로, p.257, 《漢陽》 1962년 10월호.

판문점板門店의 감상感想, p.339, 〈京鄕新聞〉 1966년 12월 30일.

폭포瀑布, p.129, 〈朝鮮日報〉 1956년 5월 29일.
푸른 하늘을, p.190, 〈東亞日報〉 1960년 6월 15일.
풀, p.375, 〈新亞日報〉 1968년 6월 20일, 《現代文學》 1968년 8월호.
풀의 영상影像, p.324 《韓國文學》 1966년 9월호, 〈韓國日報〉 1966년 10월 9일 재발표.
풍뎅이, p.37, 1953년.
피곤疲困한 하루의 나머지 시간時間, p.204, 1960년 10월 6일.
피아노, p.272, 《現代文學》 1963년 4월호.
하…… 그림자가 없다, p.176, 〈民族日報〉 1960년 4월 24일, 《새벽》 1960년 6월호 재발표.
하루살이, p.134 《新太陽》 1956년 9월호.
한강변漢江邊, 《女像》 1965년 8월호.
허튼소리, p.202, 1960년 9월 25일.
헬리콥터, p.81, 1955년, 《新世界》 1956년 4월호.
현대식現代式 교량橋梁, p.296, 《現代文學》 1965년 7월호.
황혼黃昏(원제原題: 수자數字), p.215, 〈民國日報〉 1961년 3월 31일.
후란넬 저고리, p.275, 《世代》 1963년 7월호.
(《世代》 1964년 7월호 — 오류)
휴식休息, p.84, 〈東亞日報〉 1954년 10월 1일.

2. 산문散文

가난의 상징象徵 — 변소위생便所衛生, 〈大韓日報〉 1962년 10월 15일.
가냘픈 역사, 《新太陽》 1954년 1월호.
가장 아름다운 우리말 열 개, p.373.
교회 미관에 대하여, p.75.
구두, p.35, 〈國際新報〉 1957년 8월 26일.

박인환, p.98.
반시론, p.404.
방송극에 이의 있다, p.174, 〈民國日報〉 1962년 8월 5일.
번역자의 고독, p.56.
벽, p.111.
변한 것과 변하지 않은 것, p.364, 《文學》 1966년 12월호.
보신각普信閣, 《靑春》 1954.
부끄러운 노동복, 《世代》 1963년 7월호.
불온성에 대한 비과학적인 억측, p.224.
삼동 유감, p.130.
새로운 윤리 기질, p.379.
새로움의 모색, p.229.
생명生命의 향수鄕愁를 찾아 — 화가畵家 '고갱'을 생각하고,
〈聯合新聞〉 1955년 1월 26일.
생활의 극복, p.93.
생활현실과 시, p.257.
세대교체世代交替의 연수표延手票, p.248, 《思想界》 1963년 12월호.
세대와 화법, p.149, 〈東亞日報〉 1968년 3월 5일.
소록도 사죄기, p.44.
시 월평, p.515.
시여, 침을 뱉어라, p.397.
시의 완성, p.244.
시의 〈뉴 프런티어〉, p.239.
시인의 정신은 미지, p.253.
시인이 겪은 포로생활, 《海軍》 1953년 6월호.
시작 노트, p.429.
실리 없는 노고, p.202, 〈東亞日報〉 1967년 11월 14일.
실험적實驗的인 문학文學과 정치적政治的 자유自由, p.220, 〈朝鮮日報〉

진정眞正한 현대성現代性의 지향指向, p.314, 《世代》 1965년 2월호.
참여시의 정리, p.386.
창작創作 자유自由의 조건條件 (언론자유言論自由와 창작創作의 방향方向), p.177, 〈東亞日報〉 1960년 11월 10일.
책형대磔刑臺에 걸린 시詩, 〈京鄕新聞〉 1960년 5월 20일.
초현실超現實과 무현실無現實 — 김종문시집金宗文詩集 『불안不安한 토요일土曜日』을 읽고(신간평新刊評), 〈平和新聞〉 1953년 11월 5일.
치유治癒될 기세도 없이 — 툇자의 서러움도 세 번 받고 (다변다사多辯多事), p.38, 〈民國日報〉 1960년 8월 22일.
토끼, p.77, 〈民國日報〉 1963년 1월 9일.
편지, p.469.
평단의 정지 작업, p.242.
평론의 권위에 대한 단견, p.338.
평화에의 증언 후기, p.427.
해동, p.143, 〈東亞日報〉 1968년 2월 22일.
해운대海雲臺에 핀 해바라기, 《新太陽》 1954년 8월호.
현기증, p.32.
흰옷, p.40, 〈民國日報〉 1961년 1월 9일.
히프레스 문학론文學論, p.278, 《思想界》 1964년 10월호.

부기附記 작품 목록은 민음사의 『김수영 전집』 시, 산문 편 권말에 수록되어 있어야 할 것임에도, 해당 작품의 출전사항이 누락되어 있다. 이영준 교수의 연구로 『김수영 육필시고 전집』에 '작품 연보'가 소개되었지만, 오류가 있다. 이 책에서 전 작품의 출전을 밝히기 위해 노력했으나 만족할 정도의 목록을 이루지 못했다. 미진하나마 이 정도 서지書誌를 정리한 것을 다행스럽게 여긴다. 후일 완벽한 '김수영 전 작품 출전 목록'을 완성하면 재쇄에 반영하도록 하겠다. 작품 옆에 페이지가 없는 것은 이번에 새로 찾아낸 작품이다. — 김종욱

번역 목록

『검은 옷자락』(소설) 일본대표작가 백인집 4, 고다 아야幸田 文, 희망출판사, 1966년.

「결론結論」(시), 델모아 슈왈쯔, 『세계전후문제시집』, 신구문화사, 1964년.

「고드름」(중편소설), 아브람 테르츠, 『노벨상문학전집』, 《現代文學》 9권 12호, 1963년 12월, 신구문화사, 1964년.

「고려高麗 — 두고頭高. 안려眼麗(Korya: Head. Eye Shining)」(시), 제레미 인갤스, 《自由文學》 2권 5호, 1957년 11월.

「고양이의 꿈」 외外 5편(시), 파블로 네루다, 《創作과 批評》 3권 2호, 1968년 5월.

「공로空路」(소설), 파스테르나크, 『노벨상문학전집』, 신구문화사, 1964년.

「공허空虛한 인간들」(시), 엘리어트, 『세계전후문제시집』, 신구문화사, 1964년.

「교훈教訓」(시), 스티븐 스펜더, 《現代文學》 10권 12호, 1964년 12월.

「나뭇가지를 흔들면서」(시), 파스테르나크, 『세계전후문제시집』, 신구문화사, 1964년.

「나하고 같이 가는 무거운 곰」(시), 델모아 슈왈쯔, 『세계전후문제시집』, 신구문화사, 1964년.

「내란內亂 이후의 서반아西班牙 시단詩壇」(평론), J. M. 코헨, 《現代文學》 6권 4호·5호, 1960년 4·5월.

「다섯 번 째의 해의 발레에」(시), 델모아 슈왈쯔, 『세계전후문제시집』, 신구문화사, 1964년.
『대통령 각하』(소설), 아스투리아스, 김수영·안동림安東林·최상규崔翔圭·박석기朴石基 공역, 신구문화사, 1967년.
「데어드르」(시극詩劇), 예이츠, 『노벨상문학전집』, 신구문화사, 1964년.
「도스또에프스끼와 사회주의자들」(평론), 죠셉. 프랑크, 《現代文學》 12권 12호, 1966년 12월.
「도덕적 갈망자渴望者 파스테르나크」, George Reavey, 노벨상문학전집, 신구문화사, 1964년.
「두 여인」(소설), 티보르 데리, 《現代文學》 1965년 5월.
「또 하나의 나라」(장편소설), 제임스 볼드윈, 『현대세계문학전집』 9, 신구문화사, 1968년.
「맑스주의와 문학비평」(평론), 죠지. 쉬타이너, 《現代文學》 9권 3호·4호, 1963년 3·4월.
「맘모스」(시), 엘리자벳 비숍, 『세계전후문제시집』, 신구문화사, 1964년.
「메멘토 모리」(장편소설), 뮤리엘 스파아크, 『현대세계문학전집』 1, 신구문화사, 1968년.
「목적, 수단, 목표와 길과 현대의 출발점」(평론), 《世代》 2권 11호, 1964년 11월.
「무지개가 끝나는 곳」(시), 로버트 로웰, 『세계전후문제시집』, 신구문화사, 1964년.
「문화와 정치에 대한 각서」(평론), 엘리어트, 『노벨상문학전집』, 신구문화사, 1964년.
「미용산업美容産業」(소설), 올더스 학슬리, 《世代》 2권 11호, 1964년 11월.
「바람과 겨울 눈」(소설), 월터 V. T. 클라아크, 《文學藝術》 4권 6호,

1957년 7월.

『반디의 강江』(소설) 일본대표작가 백인집 4, 이토케이이치伊藤桂一, 희망출판사, 1966년.

「벽壁 — 철학적 문학 노오트」 상·중·하(평론), 유진 이오네스코, 《文學》1권 4호·6호·7호, 1966년 8·10·11월.

「봄」(시), 파스테르나크, 『세계전후문제시집』, 신구문화사, 1964년.

「불란서문단 외사外史 — '가리말' 화방畵房을 중심으로」(평론), 가이듀물, 《現代文學》4권 12호, 1958년 12월.

「불의 형상」(시), 데어도 뢰스케, 『세계전후문제시집』, 신구문화사, 1964년.

「비애, 죽어가는 사람」(시), 데어도 뢰스케, 『세계전후문제시집』, 신구문화사, 1964년.

「사라수정원紗羅樹庭園 옆에서」(시), 예이츠, 『노벨상문학전집』, 신구문화사, 1964년.

「상사想思의 빙산氷山」(시), 엘리자벳 비숍, 『세계전후문제시집』, 신구문화사, 1964년.

「생명의 두 근원」(시), 바논 와트킨즈, 《自由文學》7권 5호, 1962년 5월.

『세계문학전집』 9. 미국편(시), 엘리자베스 비숍 外 10명, 김수영 外 3명 공역, 신구문화사, 1962년.

『세계일기전집』 상·하(일기), 던 나웨이 에반즈 공편, 코리아社, 1959년.

「셰익스피어 번역 소감」(수필), 파스테르나크, 『노벨상문학전집』, 신구문화사, 1964년.

「셰익스피어의 이해」(평론), 죤 웨인, 《文學春秋》2권 3호, 1965년 3월.

『소녀의 슬픔』(소설) 일본대표작가 백인집 1, 구니키다 돗포國木田獨步, 희망출판사, 1966년.

「시詩」(시), 델모아 슈왈쯔, 『세계전후문제시집』, 신구문화사, 1964년.
「시인詩人과 신문新聞」(평론), A. 막레이쉬, 《現代文學》 5권 11호·12호, 1959년 11·12월.
「싸우는 사람들」(수필), 헤밍웨이, 『노벨상문학전집』, 신구문화사, 1964년.
「술꾼」(시), 로버트 로웰, 『세계전후문제시집』, 신구문화사, 1964년.
「숲에서」(시), 로버트 로웰, 『세계전후문제시집』, 신구문화사, 1964년.
「쏘련 문학의 분열상分裂相 — 로보트주의主義에 항거抗拒하는 새로운 감정感情의 음모陰謀에 대한 목격기目擊記」(평론), 피이터 비어레크, 《思想界》 10권 6호, 1962년 6월.
「시인과 신문」(평론), 아키볼드 멕레이쉬. (발표 지면· 연도 미상)
『아가雅歌』(소설) 일본대표작가 백인집 4, 오오카 쇼헤이大岡昇平, 희망출판사, 1966년.
「아담과 이브」(소설), 유리 카자코프, (원고에는 제목이 「오토라」로 되어 있음, 발표지면 미상)
『아리온데의 사랑』(소설), 버얼 아이브스, 중앙문화사, 1958년.
「아마추어 시인詩人의 거점據點 — '워레스 스티븐스'의 시세계를 중심으로」(평론), 리오넬 아벨, 《現代文學》 4권 9호, 1958년 9월.
『아인쉬타인』(전기), A. 베크하아드, 신구문화사, 1963년.
「에프투생코와의 대화對話, 개혁자改革者의 운명運命」(평론), 올가 카알리슬, 《思想界》 13권 9호, 1965년 9월.
「에왈드스 씨와 거미」(시), 로버트 로웰, 『세계전후문제시집』, 신구문화사, 1964년.
「영·불 비평의 차이」(평론), 이브 보네호이, 《現代文學》 5권 1호, 1959년 1월.
「영혼靈魂의 정의定義」(시), 파스테르나크, 『세계전후문제시집』, 신구문화사, 1964년.

「앨프릿 푸루푸로크의 비가悲歌」(시), 엘리어트, 『세계전후문제시집』, 신구문화사, 1964년.

「예이츠의 시에 보이는 인간영상人間影像」(평론), 데니스 도노휴, 《現代文學》 8권 9호, 1962년 9월.

「운명運命의 사람」(희곡), 버나드 쇼오, 『노벨상문학전집』, 신구문화사, 1964년.

『육체肉體의 악마惡魔』(소설) 일본대표작가 백인집 4, 다무라 다이지로田村泰次郞, 희망출판사, 1964년.

「이[齒]」(소설), 리챠드 스턴, 《文學春秋》 1권 4호, 1964년 8월. (원고에는 제목이 「5월」로 되어 있음)

「이스프리의 호도湖島」(시), 예이츠, 『노벨상문학전집』, 신구문화사, 1964년.

「임금님의 지혜」(수필), 예이츠, 『노벨상문학전집』, 신구문화사, 1964년.

「잎이여, 꽃이여, 돌이여」(시), 앤 모로 린드버그, 〈연합신문〉 1954년 6월 11일.

「잘 있거라」(시), D. J 엔라이트, 《自由文學》, 7권 4호, 1962년 4월.

「자코메디의 지혜」(평론), 칼톤 레이크. (발표 지면 · 연도 미상)

『젊은 베르테르의 슬픔』(소설), 괴테, 신양사新陽社, 1959 · 1965년.

「정물화靜物畵」(소설), 버나드 말라머드, 《現代文學》 13권 5호, 1967년 5월.

「정신분석精神分析과 현대문학現代文學」(평론), 앨프리드 카잰 《現代文學》 10권 6호, 1964년 6월.

「제스츄어로서의 언어」(평론), 리챠드. P. 블랙머, 1952년. (발표 지면 미상)

「조반朝飯을 위한 기적奇蹟」(시), 엘리자벳 비숍, 『세계전후문제시집』, 신구문화사, 1964년.

『주홍朱紅글씨』(소설), 나타니알 호오손, 創又社, 1967년.

「지이드의 조화調和를 위한 무한無限한 탐구探究」(평론), 토마스 만, 《文學藝術》4권 5호, 1957년 5월.

「차야 아주머니가 매장埋葬된 날」(소설), 월푸 만코위츠, 《自由文學》 3권 5호, 1958년 5월.

「참새언덕」(시), 로버트 로웰, 『세계전후문제시집』, 신구문화사, 1964년.

「처음 보는 우랄 산맥」(시), 파스테르나크, 『세계전후문제시집』, 신구문화사, 1964년.

「초상화」(소설), 월푸 만코위츠, 《自由文學》3권 5호, 1958년 5월.

「최근最近 불란서佛蘭西의 전위소설前衛小說」(평론), 쟝 부로쉬 미셸, 〈朝鮮日報〉 1958년 9월 20, 22, 23일

『추억追憶』(소설) 일본대표작가 백인집 3, 니와 후미오丹羽文雄, 희망출판사, 1966년.

「코카사스」(시), 파스테르나크, 『세계전후문제시집』, 신구문화사, 1964년.

「쾌락快樂의 운명運命 — 워즈워드에서 도스토예프스키까지」(평론), 라오넬 트릴링, 《現代文學》11권 10호·11호 1965년 10·11월.

「테네시 윌리암스의 문학」(평론), S. P. 얼만, 《思想界》6권 11호, 1958년 11월.

「토요일날 밤」(소설), M. I. 하우스피안. (발표 지면 미상)

「티오미로프의 실험實驗」(소설), 안드레이 시납스끼, 《自由公論》1권 2호, 1966년 5월.

「파우스트의 진보進步」(시), 칼. 샤피로, 《展望》1957년 11월.

「플라토의 동굴의, 벌거벗은 침상에서」(시), 델모아 슈왈쯔, 『세계전후문제시집』, 신구문화사, 1964년.

「팬츠」(소설), 안드레이 시납스끼, 《思想界》14권 4호, 1966년 4월.

「해외문단, 영국 새로운 윤리倫理」(평론), 《文學》1권 3호, 1966년 7월.

「현대 영미소설론」(평론), 마커스 스티븐슨, 《韓國文學》2호,

1966년 6월.

『현대문학의 영역』(평론), 김수영·이상옥李相沃 공역, 중앙문화사, 1962년.

『현대인의 문학』(평론), 프란시스 브라운, 김수영·소두영蘇斗永·유령柳玲 공역, 創又社, 1967년.

「화요일火曜日 밤」(소설), M. I. 하우스피안, 《文學藝術》 3권 5호, 1956년 5월.

『황하黃河는 흐른다』(소설), 스잔느 라방, 중앙문화사, 1963년.

「후방後方」(소설), 파스테르나크, 『노벨상문학전집』, 신구문화사, 1964년.

김수영金洙暎

1921년 11월 27일, 서울 종로 출생.

1942년 선린상업학교를 졸업, 유학을 위해 일본으로 건너가 연극 공부.

1943년 태평양전쟁으로 가족은 만주로 이주하였고, 시인은 조선학병 징집을 피해 서울로 돌아와 연극 활동을 계속함.

1944년 만주로 이주했다가, 광복 후 귀국.

1946년《예술부락藝術部落》에 시「묘정廟庭의 노래」를 발표하며 작품 활동 시작.

1949년 4월 김경린金璟麟, 박인환朴寅煥 등과 함께 합동시집『새로운 도시와 시민들의 합창』출판.

1950년 4월 김현경金顯敬과 결혼. 9월 한국전쟁 때 서울을 점령한 북한군에 징집되어 참전, 거제도 포로수용소에 수용됨.

1953년 거제리 포로수용소에서 석방. 이후 잡지사와 신문사 기자·교사·양계를 하며, 시 창작과 번역 일을 계속함.

1959년 첫 단독시집『달나라의 장난』간행.

1960년 4·19혁명. 번역과 작품 활동을 통해 현실과 정치를 직시하고 시와 시론, 시평을 잡지·신문에 발표하며 왕성히 집필 활동.

1968년 6월 15일 교통사고를 당해, 6월 16일 사망.

책형대에 걸린 시

초판 1쇄 발행일. 2013년 5월 15일
지은이. 김수영
엮은이. 김종욱
발행인. 김수현
발행처. 도서출판 아라
주소. 서울시 강동구 천호동 287-10 일진빌딩 2층
전화. 02 476 5060, 팩스. 02 489 5689
전자우편. ara5060@naver.com
등록. 2012년 9월 13일 제2012-52호
편집 디자인. 전석조

ISBN 978-89-98502-26-3 (03800)
값 15,000원

이 도서의 국립중앙도서관 출판시도서목록(CIP)은
e-CIP홈페이지(http://www.nl.go.kr/ecip)와
국가자료공동목록시스템(http://www.nl.go.kr/kolisnet)에서
이용하실 수 있습니다. (CIP제어번호: CIP2013005772)